学习故事与早期教育：
建构学习者的形象

［新西兰］玛格丽特·卡尔 (Margaret Carr)　温迪·李 (Wendy Lee) / 著

周　菁 / 译

李　薇 / 审校

教育科学出版社
·北京·

总序

学习故事是一套来自新西兰的儿童学习评价体系，由新西兰国家早期教育课程框架（《Te Whāriki：新西兰早期教育课程框架》，以下简称《新西兰早期教育课程框架》）的编著者之一怀卡托大学玛格丽特·卡尔教授和她的研究团队经过数年的研究发展而成。在新西兰各类早期教育机构中，学习故事被广泛用来帮助教师观察、理解并支持儿童的持续学习，同时记录每一个儿童成长的轨迹和旅程。近年来，学习故事这套评价体系也得到了国际早期教育界的认可，英国、德国、加拿大等国家的很多早期教育机构开始把学习故事作为儿童学习评价的手段。随着新西兰和中国早期教育界间的交流日益频繁，学习故事也受到了中国早期教育工作者的高度关注。为了能帮助更多的中国早期教育工作者了解学习故事，我们目前选择并翻译了玛格丽特·卡尔教授和她的同事们撰写的 3 本与学习故事相关的著作，全面介绍学习故事的理论背景、实践，以及对于儿童学习和发展的意义。

学习故事是什么？

一、学习故事是一套由明确教育价值观引领的学习评价体系

引领学习故事的核心教育价值观来自新西兰国家早期教育课程框架。它不是一套对具体教育目的和教育内容进行详细描述和规定的课程。为什么要设计这样一套需要各个早期教育机构自主建构课程的课程框架，而不是规

2 另一种评价：学习故事

定了具体内容的课程呢？原因之一是新西兰的早期教育机构有很多种，它们服务的人群和管理模式各不相同，具体包括：①全日制托幼中心(childcare centre)，为0—5岁儿童提供全日制的教育服务，在开放时间上与我国的幼儿园相似，大多为上午7:30到下午5:30；②为3—5岁儿童服务的幼儿园（kindergarten），大多为半日制，其中4—5岁儿童每天上午来园，而3—4岁儿童每周来园3个下午；③由家长主导的社区型游戏中心（playcentre），由家长志愿者管理，并组织和支持儿童在玩中学（家长志愿者需参加专业培训）；④毛利语幼教中心（Te Kōhanga Reo），旨在保护和传承毛利文化和语言；⑤家庭式幼教机构(homebased care)，提供小规模、家庭式的幼教服务；⑥远程函授学校（correspondence school），为边远和人口稀少地区的儿童和家庭提供远程的函授式早期教育支持和服务。不同类型的早期教育机构可能位于某一民族聚居区，如位于太平洋岛国的文化社区；或面向某些特定人群和家庭，如面向有特殊学习需要的儿童等；也可能采用某一种教学法，如蒙台梭利教学法和华德福教学法等。

没有一套规定了具体内容的课程可以满足那么多种不同类型早期教育机构的需要，因此新西兰国家早期教育课程框架仅提出了各种早期教育机构都需要遵循的儿童观、课程观、学习和发展观，以及与这些核心观念相应的教育原则、发展线索和学习成果，而如何在实践中体现这些教育理念是各种早期教育机构可以自主选择的。该课程框架期待的是每个早期教育机构都能创造出符合当地社会文化特点的课程（Lee, Carr, Soutar and Mitchell, 2013），也期待着这些核心理念可以引领新西兰早期教育机构的各项决策和教育教学实践，这其中也包括对儿童进行的学习评价，如学习故事。

《新西兰早期教育课程框架》中首先提出的就是儿童观。"此课程基于以下理想：儿童以有能力、有自信的学习者和沟通者的身份成长，追求身体、心理、精神健康，有安全感和归属感，知道他们能为社会做出重要贡献。"(Ministry of Education, 1996, p.9)这句话是该课程框架的核心，也是所有新西兰早期教育工作者——不论是理论研究者还是一线实践者——对儿童的期待。他们认为，儿童从一出生就是"有能力、有自信的学习者和沟通者"，是积极的，有着蓬勃生命力的。因此，在对儿童进行评价时，也需要让儿童看到自己是"有能力、有自信的学习者和沟通者"。很显然，用"找不足、找差距"的视角来评价儿童的学习是无法体现儿童是"有能力、有自信的学习者和沟通者"这一儿童观的。这就要求儿童学习评价的切入点从"找不足、找差距"转变为"发现优点、发现能做的和发现感兴趣的",通过捕捉儿童学习过程中一个个让人惊喜的"哇"时刻来刻画儿童作为"有能力、有自信的学习者和沟通者"这一形象,解读他们的所思、所想、所为,并让儿童知道他们是"能为社会做出重要贡献"的有价值的社会成员。

"课程"在《新西兰早期教育课程框架》中被定义为"在一个专为支持学习和发展而设计的早期教育环境中所有直接或间接经验、活动和事件的总和"(Ministry of Education, 1996, p. 99)。这是一个广义的课程观,也就是说,新西兰的早期教育工作者需要把和儿童在一起的每一分钟以及早期教育机构中的一草一木和所有人(儿童、教职工和家长)都视为课程的一部分。儿童学习的契机蕴含在每一分钟与身边的一草一木和人的交互中,课程发展的线索也蕴含在这些学习契机中,教师需要不断发现和识别这些线索,并在与儿童的不断互动和呼应中促进学习和课程的发展。因此,儿童学习评价需要体现课程的广义性,涵盖儿童学习和生活的方方面面,并体现学习和发展的连续性。

同时,《新西兰早期教育课程框架》又是一套开放的课程。"Te Whāriki"这个词来自毛利语,意为"编织而成的草席"——一种传统的毛利手工艺制品。草席是毛利人生活中的重要组成部分,可供站立和坐卧,甚至可披挂在身上作为独特服饰。每一张草席都有自己独特的纹样,有着开放的边缘,大小长短和用途都各不相同。因此,把新西兰国家早期教育课程框架比喻成"编织而成的草席",意味着它是为所有儿童、家庭和幼儿教育工作者而存在的,属于每一个人。课程发展是倾听和尊重每一个人的声音的过程,每一个人都有权利参与讨论以及"编织草席"的过程,"草席编织者们"——早期教育工作者、儿童、家长及相关的人——需要共同把《新西兰早期教育课程框架》中提出的四大教育原则(激发力量和授权、整体发展、联合家庭和社区、互动互惠),与儿童发展的五大线索(身心健康、归属感、贡献、沟通和探究),以及相应的预期学习成果"编织"在一起,"编织"出植根于社会文化环境、适合自己所在幼儿教育机构的课程。而"编织的过程"——教和学的过程——又是复杂和多元的,可长可短,也可以没有完结,没有固定的边缘。"编织的方法和图案"则存在无限可能,是灵活的和不确定的。这样"编织"出来的课程是由儿童、环境、关系主导的,是生成式、呼应式的,

4　另一种评价：学习故事

存在不确定性。因此，儿童学习评价也需要体现课程的这些特点，并呈现出儿童学习和发展的情境性、复杂性、多元性和不确定性。

这些判断是在分析了"对于生活在21世纪的儿童来说什么最为重要"这个问题后做出的，受到了维果茨基的社会文化建构理论、布朗芬布伦纳的生态系统理论以及意大利瑞吉欧教育理念和实践的影响。《新西兰早期教育课程框架》认为，儿童的学习和发展受到社会文化环境的影响，在与周围环境的互动中、在不断参与社会文化性活动中发生。早期教育不仅需要为儿童进入小学做准备，更需要培养他们作为终身学习者所需要的健全人格、有助于学习的心智倾向，并且帮助儿童建构自己对人、对地方和对事件的理论。因此，儿童学习评价也需要凸显儿童与社会文化环境之间的关系、儿童参与的各种活动以及发展的不同轨迹。

因而，判断一篇有关儿童学习的故事是否是学习故事的最主要因素不是它的形式或其他元素，而是这个故事是否能体现引领着学习故事的儿童观、课程观、学习和发展观等。

二、学习故事是一套用叙事的方式进行的形成性学习评价体系

《新西兰早期教育课程框架》颁布之初，新西兰政府就意识到，对儿童的评价方式是该课程框架能否真正在早期教育机构中实施的关键。但是，为什么评价？评价什么？怎么评价？新西兰早期教育工作者们意识到，"用一根标尺衡量所有人的学习"并不"公平"，而且不是所有重要的东西都可以量化，如学习品质就不可以。因此，新西兰早期教育工作者认为学习评价的目的应该不是测试或仅仅是"评判儿童的学习和发展水平"，而是"促进儿童进一步学习"。教师需要改变已有的建立在对儿童进行"客观"观察基础上的评价方式，因为只要是"人"在观察，就不可能做到完全"客观"。想要实现"客观"的第一步，就是要意识到有可能存在的"不客观"，然后尽量从多维度和多视角解读所观察到的东西。基于观察的评价亦如此。教师记录下真实发生的学习事件，倾听儿童的心声，然后与儿童、其他教师和家长分享，从而实现从不同的视角解读和评价儿童的学习。

"为了促进学习而评价"就是卡尔教授和新西兰早期教育工作者在深入思考"为什么评价"这个问题后给出的答案。卡尔教授和同事们研究后发现，故事可以捕捉学习的复杂性，如学习策略及学习动力等；可以体现学习的情境性，将学习的社会性特征与认知和学习效果结合在一起；能融入儿童的声音,强调儿童的参与和文化。于是,她提出用"学习故事"这种叙事的方式记录、评价和支持儿童的学习,而评价的焦点就落在儿童的学习(过程)上。例如,他们在学什么和想什么(兴趣、行为和思维),是怎么学和怎么想的(方法、策略和关系),为什么会学这些、想这些以及这么学和这么想(知识、技能和态度)。所有这些信息都有可能为教师如何进一步促进和拓展儿童的学习提供方向和指引。

因此,学习故事是为了支持儿童进一步学习而进行的评价,不是对学习结果的测评。它是形成性的,关注的是学习过程;它是课程的一部分,并能够在师生之间持续的互动和呼应中推动课程生成。学习故事又是在日常教育教学情境中所做的观察,是用图文的形式记录下儿童学习过程的一系列"哇"时刻或"魔法"时刻,关注的是儿童能做的、感兴趣的事情,而不是儿童不能做的、欠缺的地方。在这些"哇"时刻或"魔法"时刻里,儿童展示出一个或几个该课程框架所重视的有助于学习的心智倾向——好奇、勇敢、信任、坚持、自信、分享和承担责任。教师的计划和支持儿童进一步学习的方法、策略和内容是建立在分析所观察到的与儿童学习有关的"数不清的因素"基础上的,为教师如何进一步促进和拓展儿童的学习提供方向和指引。佩勒努(Philippe Perrenoud,1991)将儿童的动机、"学习者"这一社会性身份、学习观及学习氛围都纳入了那些"数不清的因素"中。

学习故事的这些特点表明,它不仅是一种学习评价手段,更是一种理念,一种以儿童为中心的、教师与儿童一起工作的思维和行为方式。那就是,教学始于观察儿童的学习(注意,noticing),尽力去分析和理解它(识别,recognising),然后好好利用识别的信息来有效计划和支持儿童进一步学习(回应,responding)(Drummond,1993)。每天,教师都会注意、识别、回应儿童的学习许多次,而那些在学习故事中用文字和图片记录下来的3步评价过程可被视为"正式的评价"。不过,在一日生活中,还有很多没有被记录下来的注意、识别、回应过程,即"非正式评价"。事实上,"非正式评价"是教师们每天都在做的事情,不断用注意、识别、回应这套思维和行为模式与儿童一起学习和生活,不仅能促进儿童的进一步学习,还能帮助教师发展即时、专业的回应儿童的能力。而分享那些记录下来的"正式的评价"——学习故事——则能够让早期教育机构中所有成员(儿童、教职工和家长)注意、识别、回应儿童学习的能力变得更强,因为学习故事的结构也与注意、识别、回应这3步评价过程相对应。

6 另一种评价：学习故事

- 注意。教师对儿童学习的观察，记录下来的"哇"时刻或"魔法"时刻（故事和照片）。
- 识别。教师对学习的分析、评价和反思，如："我认为我在这个情境中看到了什么样的学习？""关于汤姆，我今天又有了哪些新的认识？"
- 回应。教师为支持儿童进一步学习制订的计划，如："我们还能做些什么，以支持、促进和拓展儿童的学习？"

同时，一个学习故事还可以呈现家长和儿童的声音，让家长和儿童参与学习评价过程。在不断的注意、识别、回应中，所有人都有可能随时随地观察、解读并支持和促进儿童的学习。佩勒努（Perrenoud，1991）认为，"任何能帮助学生（儿童）学习和发展的评价都是形成性的"。由此可见，学习故事不仅将教师的视线聚焦在每一个儿童身上，记录那些学习过程中的"魔法"时刻，那些儿童能做的、感兴趣的事情，还能引导教师们讨论儿童的学习，对教和学进行反思，制订儿童支持计划，并通过阅读和回顾那些充满"魔法"的学习时刻，让儿童参与自我评价，并和家庭成员分享信息和经验，使它成为知识建构过程中不可缺少的一部分。

三、学习故事是一套能够帮助儿童建构作为学习者的自我认知的学习评价体系

"有能力、有自信的学习者和沟通者"是儿童在新西兰早期教育工作者心中的形象，儿童也应该建构这样的积极自我认知。但是，"有能力、有自信的学习者和沟通者"到底是什么样的呢？好奇、勇敢、信任、坚持、自信、分享和承担责任，这些形容词似乎可以用来描述"有能力、有自信的学习者和沟通者"，它们也是《新西兰早期教育课程框架》预期的重要学习成果和儿童学习评价的重要内容。

为什么有助于学习的心智倾向和儿童建构积极的作为学习者的自我认知那么重要呢？卡尔教授在《另一种评价：学习故事》（Assessment in Early Childhood Settings: Learning Stories）一书的第二章《有助于学习的心智倾向》有详细的阐述。她认为心智倾向是儿童的学习动机和倾向、学习能力的结合，是"一整套和参与有关的机制，一个学习者从中识别、选择、编辑、回应、抵制、寻找和建构各种学习机会"。她将学习的过程视为一整套和参与有关的机制的转变，是学习者"准备好、很愿意、有能力"参与活动的过程，类似于学徒，在所参与的活动中位置从边缘向中心转变，从新手转变为专家。当没有

人能对"不断全球化、飞速变化着的未来世界是什么样的"做出准确预测时，学习特定的技能并不足以为那些目前还不存在的工作和技术做好准备。因此，支持儿童发展那些能够让他们自信地去面对生活中各种挑战，识别、选择、编辑、回应、寻找和建构各种学习机会的心智倾向就显得尤为重要了。不管世界怎么变化，只要学习者"准备好"（视自己是一个学习者）、"很愿意"（对学习场合和情境进行识别）、"有能力"（发展能够为"准备好"和"很愿意"参与学习做出贡献的能力与知识储备）去参与社会文化活动，学习就有可能发生，发展就有可能实现。

《新西兰早期教育课程框架》和学习故事评价体系的一个重要目标就是促进儿童发展有助于学习的心智倾向，帮助儿童建构积极的作为学习者的自我认知，从而激发儿童学习和发展的强大力量。在《学习故事与早期教育：建构学习者的形象》（*Learning Stories: Constructing Learner Identities in Early Education*）一书中，作者围绕 4 个主题——主体能动性和对话、跨越边界将各个学习情境联系在一起、认识和再认识学习的连续性、运用一系列日益复杂的方式占有知识和发展有助于学习的心智倾向——向读者们展示了学习故事可以如何帮助儿童建构作为学习者的自我认知。教师正是通过捕捉一日生活中各种可能的学习契机，在一次次注意、识别、回应中，在一个个学习故事中，让儿童看到自己是"有能力、有自信的学习者和沟通者"，从而发现自己的力量并进一步学习和探究。

儿童身处的社会性环境是影响儿童发展有助于学习的心智倾向的重要因素。在《学习的心智倾向与早期教育环境创设：形成中的学习》（*Learning in the Making: Disposition and Design in Early Education*）一书中，卡尔教授和她的同事们通过介绍一项长期跟踪式的叙事研究课题，探讨了发展心智倾向和早期教育环境、心智倾向及其相关内容与学习者的自我描述和学习者多个侧面之间的关系，不同时段和场合心智倾向相互作用和发展的过程，以及促进其发展的一些重要元素。作者们还对如何设计早期教育环境以支持儿童心智倾向的发展提出了建议。

由此可见，心智倾向和知识、技能一样，是新西兰早期教育的重要内容和儿童学习发展的重要线索。在"取长式"的课程体系和评价体系中重视对心智倾向的解读和促进，有可能支持儿童建构积极的作为学习者的自我认知，建构一个积极的充满力量的学习者形象。

学习故事可能会给我们带来哪些启发？

一、学习故事有可能帮助我们建立教育理念和实践之间的联结

学习故事是一套由明确教育价值观引领的儿童评价体系，它的核心理念与我国的《3—6岁儿童学习和发展指南》有很多相通之处，如认为儿童是有能力、有自信的主动学习者，儿童的学习和发展是一个整体，儿童在与环境的有效互动中学习和发展，重视幼儿园和家庭及社区的密切合作等。因此，了解新西兰教师们如何在这些教育理念引领下，通过学习故事来观察、解读和支持儿童学习，可能会帮助我国幼儿教师建立理念和实践之间的联结，不断建构和反思自己对这些教育理念的认识，以及它们在自己教育教学实践中的价值和体现。

二、学习故事有可能帮助我们建立知识、技能、心智倾向之间的联结

碎片化的、不体现情境因素的知识和技能可以说是传统评价的重点，而21世纪中的学习者仅重视知识和技能的习得显然是不够的。卡尔教授视学习为"知识、技能与心智倾向的复杂混合过程"，并在学习评价过程中强调对心智倾向的解读，关注它们对于促进儿童在知识技能建构方面的作用。在学习故事里不仅要对儿童学什么和做什么进行描述，还需要分析和识别支持儿童这些学习行为和过程的内在动机和倾向，试图"读懂儿童的心声"，并以此为起点进一步支持儿童在知识、技能和心智倾向方面的学习和发展。因此，学习故事有可能帮助我们建立知识、技能和心智倾向之间的联结，让我们不仅关注儿童的学习行为和表现、知识和技能的习得，还能帮助我们走进儿童的内心，了解他们的所思所想，了解他们行为背后的意图。

三、学习故事有可能帮助我们建立儿童、环境、关系之间的联结

传统的评价中很少体现环境在儿童学习过程中的作用。学习故事受到社会文化建构理论的影响，认为儿童是在他们与周围环境中的人、事、物互动中学习和探究的，因而，学习评价也需要体现这些互动。从另一层面来讲，学习故事是从捕捉儿童学习过程中的"哇"时刻或"魔法"时刻开始的，但是，"哇"时刻或"魔法"时刻的出现是需要条件的，儿童需要有创造"哇"时刻和制造"魔法"的环境（时间和空间），这就要求教师反思什么样的环境有可能支持儿童创造"魔法"。也就是在这样不断发现儿童制造的"哇"时刻、解读这些"哇"时刻并反思"哇"时刻得以出现的环境和关系的过程中，儿童、环境、关系被联结在了一起。

四、学习故事有可能帮助我们建立儿童、教师、家长之间的联结

很多教师会说，我们给儿童做的评价很少会给家长看——因为这些评价中记录的通常是教师发现的儿童学习发展过程中的"不足"和"差距"——评价后我们会思考如何给儿童"补缺"。试想，有哪个家长会愿意看到对自己孩子净是"缺点"的评价？学习故事在儿童是"有能力、有自信的学习者和沟通者"这一儿童观的引领下，用认可和接纳的态度来观察儿童的学习过程，发现和记录儿童的优点和兴趣，并以这些为起点去评价和支持儿童的学习，然后带着爱和喜悦分享儿童的学习和成长。因此，记录了积极学习体验的学习故事会让儿童、教师和家长乐于一遍遍回顾，并在分享这些积极学习经验的过程中拉近儿童、教师、家长间的距离，促进发展儿童、教师、家长之间互动互惠的关系。

五、学习故事有可能帮助我们建立儿童的学习和发展、教师的学习和发展、幼儿园的管理和发展之间的联结

学习故事是一个工具、一种中介，支持着儿童的学习，记录着每个儿童独一无二的学习和发展轨迹。不过，学习故事的作用不仅限于此，它还像是一颗投入湖水中的小石子，会带来涟漪——促进教师的专业学习和发展，推动幼儿园的管理和发展。帕克·帕尔默（Paker Palmer，1998）认为，让教师感到沮丧有两大原因：一是他们与学生之间的关系出现了断裂；二是他们与自己内心世界的关系出现了断裂。想要让教师对儿童充满热情，对教学充满热情，对自己的专业学习充满热情，需要关注教师与学生、与自己内心世界之间的联结。在学习故事中，教师关注的是儿童，记录的是他们认为有价值、有意义的学习过程，并反思自己对儿童和对自己教学实践的理解，然后设想下一步行动的机会和可能性。因此，卡尔教授认为用学习故事进行评价的实践本身就是一种叙事研究、一种行动，是"实践者的研究"，而教师就是研究儿童、研究教育教学实践的行动研究者。正是在参与这样的研究儿童和研究自身教育教学的过程中，教师与儿童、与自己内心世界的联结得到了不断强化，儿童的学习和发展得到不断促进，教师也能从儿童的学习和发展中看到自己工作的意义，并且不断建构和深化自己对教育的理解。不过，儿童和教师的学习和发展离不开幼儿园的机构文化、管理模式和发展空间。因此，在撰写、解读、分享学习故事的过程中，在儿童、教师和幼儿园管理者共同

10 另一种评价：学习故事

探究和学习的过程中，幼儿园就成了一个"学习者的共同体"，为促进儿童、教师和幼儿园的持续发展，提供开放、多元、自主、充满机会和可能性的学习环境。

在卡尔教授以及新西兰早期教育工作者的众多学术著作中，我们目前选取了3本，旨在向中国的早期教育工作者介绍：①学习故事这套儿童学习评价体系发展背景、理论基础和实践运用——《另一种评价：学习故事》；②学习故事所关注的心智倾向与早期教育环境之间的关系——《学习的心智倾向与早期教育环境创设：形成中的学习》；③学习故事在早期教育阶段建构学习者形象过程中所起的作用——《学习故事与早期教育：建构学习者的形象》。在阅读这3本书时，读者们可以把书中的一些概念和专业词汇放在社会文化建构理论的语境中理解，并且与新西兰的教育价值观和核心理念建立联结。例如，对于卡尔教授提出的"在中间学习"这个概念，《学习故事与早期教育：建构学习者的形象》一书的审校李薇博士就建议读者们把它和社会文化建构理论联结在一起，从个体与社会环境、个体与社会文化工具、个体与教育环境的交互关系3个层面来理解，因此可以把"在中间学习"理解为：①个体的学习是在社会文化共同体的中间发生的；②学习的发生有赖于所处社会文化共同体中人们常用的认知方式和思维工具；③"中间"就是让教育环境和个体学习者发生交互关系的空间。由此可见，从作者的理论体系和背景来解读相关概念，有助于读者理解作者的意图和视角，并与自身已有的知识和经验对接，建构自己对相关理论、概念和实践的认识。

最后，感谢玛格丽特·卡尔教授和温迪·李老师在我翻译、审校过程中给予的支持和鼓励。希望本丛书能给中国早期教育工作者带来启发，并能够引发人们更广泛、更深入地探讨和研究早期教育课程和评价。

周　菁

中文版序

现今，评价已经成为教育政策制定过程中最重要的领域之一，因此，正确认识和实施评价极为重要。文化环境和各种关系对制定有效评价政策有着关键性的影响，学习故事这一受社会文化理论影响的评价体系的开发是为了对早期教育过程中的儿童发展进行有效评价。学习故事是建立在《新西兰早期教育课程框架》基础上的。该课程框架重视关系，重视社区的作用，重视儿童的自我身份认知（视自己为有能力的、自信的学习者），重视一种能将学习的各种元素编织在一起的教学法。学习故事这种形式的评价为教师提供了超越等级评分式评价的机会，并能更有效地为儿童和他们的家人展示发展的复杂性和过程性。学习故事还能加强幼教机构和家庭环境之间的联系，鼓励家长与他们的孩子之间建立更为强大的联系。

学习故事的开发和运用与"21世纪中的学习"这个话题有关，与我们如何看待知识和认知有关。它关注如何在一个飞速变化的世界中教育我们的儿童，并寻找促进学习效果提高的方式，因为我们面对的是一个永远存在不确定性的未来。它也关乎转变。有效的教学只有在能够对学习者的生活产生影响时才会带来转变。做到这一点，就需要问一个问题，那就是，智慧的、富有想象力的、善于合作和灵活变通的自信学习者是什么样子的？

玛格丽特·卡尔教授和我非常高兴地见证了中国幼儿教师和幼儿教育学者在探究学习故事的旅程中所表现出来的热情和兴趣。我们非常荣幸能够有机会与这些教师和学者，以及各地教研员和行政管理人员一起探究在中国幼儿教育大背景下强化学习者自我身份认知的方式。学习故事正在被很多国家的幼儿教育工作者发展成一种能够适用于当地幼儿教育的评价工具，这些国家包括澳大利亚、美国、加拿大、德国、英国和哈萨克斯坦，现在还包括中国。世界各地的教师们都希望自己能给儿童的学习和生活带来积极的影响，而学习故事提供的叙事性评价过程就拥有将评估和教学有机结合在一起的力量。

我们要衷心感谢所有在中国推动学习故事发展的人们。我们要特别感谢周菁博士，感谢她对学习故事的热情。周菁博士在前往新西兰深造之前，曾经在中国上海和北京的幼儿园和国际学校工作过很多年，担任过0—6岁各年龄班的教师，也做过行政管理工作。在新西兰深造期间，她一边在新西兰的幼儿教育机构工作，一边在新西兰惠灵顿维多利亚大学完成了硕士和博士课程。因此，周菁博士对学习故事的了解是基于她对新西兰早期教育课程的深刻认识和亲身体验。这使得她能够理解支撑学习故事这套评价体系的理论基础和教学原则。当我们在中国活动时，她也为我们提供了非常有效的翻译工作。我们相信她不仅能将本丛书中有关学习故事的具体实践翻译出来，还能翻译出这些学习故事中所蕴含的教育精神和理念。

本丛书的主题是围绕对评价和学习的讨论，建构和加强学习者共同体的发展。我们知道，一旦成为一名教师，也就意味着承诺终身学习。正如我们希望儿童发展有助于学习的心智倾向那样，教师也必须发展和表现出这些品质。在探究学习故事的旅程中，我们在中国教师身上看到了这种强烈的好奇心。学习故事能在教学和学习领域中带来广泛的变化，这些变化也开始影响和改变学习的环境。我们希望本丛书能给踏上了探究学习评价之旅的中国教师提供一些帮助和启发。

温迪·李
2015年2月于新西兰汉密尔顿

目 录

学习故事列表 ………………………………………………………… 1

作者简介 ……………………………………………………………… 3

序 ……………………………………………………………………… 5

第一章　幼儿对自己作为学习者的认知：四大主题 ………………… 1

第二章　为什么是故事？ ……………………………………………… 23

第三章　主体能动性和对话 …………………………………………… 47

第四章　在不同学习情境之间建立联结 ……………………………… 73

第五章　对学习的连续性的认识和再认识 …………………………… 99

第六章　占有知识，发展有助于学习的心智倾向 …………………… 129

第七章　重新定义评价 ………………………………………………… 149

参考文献 ……………………………………………………………… 162

学习故事列表

1.1 卡马尔布里特喜欢她的成长档案 ………………………… 14
1.2 艺术家就在我们身边! ………………………………………… 17
1.3 说说你是怎么得出结果的? ………………………………… 21
2.1 成长型思维模式 ……………………………………………… 26
2.2 小小女科学家 ………………………………………………… 30
2.3 研究者 ………………………………………………………… 33
2.4 超级作家 ……………………………………………………… 36
2.5 乔治的故事 …………………………………………………… 41
2.6 家庭小厨师在行动 …………………………………………… 43
3.1 越野跑 ………………………………………………………… 50
3.2 那么大那么大的鱼 …………………………………………… 55
3.3 我的火山 ……………………………………………………… 58
3.4 伊拉莉亚、伊莎贝拉和凯瑟琳的学习故事 ………………… 60
3.5 绘画者、作者和出版者 ……………………………………… 61
3.6 一个天才 ……………………………………………………… 65
3.7 我能行! ……………………………………………………… 67
3.8 看我能做什么! ……………………………………………… 68
3.9 搭建一座黏糊糊的大桥 ……………………………………… 69
4.1 这是谁干的? ………………………………………………… 79
4.2 善良的举动 …………………………………………………… 82
4.3 写印地语 ……………………………………………………… 85

4.4	照顾他人	86
4.5	艾薇做好了准备	90
4.6	佩尼亚米诺的大桥	92
4.7	筹集善款	94
4.8	设计庙宇	95
5.1	露比的探索	100
5.2	采摘高手	104
5.3	幼儿园里的一个挑战	106
5.4	克里斯蒂娜的学习经验	108
5.5	制作图书的人——基兰	109
5.6	超级专注	111
5.7	初露头角的摄影师	111
5.8	杰克逊的研究变得越来越复杂啦	115
5.9	斯嘉丽自制的库露、蝴蝶和花朵书	118
5.10	莎琳-布鲁的故事	121
6.1	印度教寺庙	133

作者简介

玛格丽特·卡尔（Margaret Carr），新西兰怀卡托大学（University of Waikato）威尔夫·马尔科姆教育科学研究院教授。曾任新西兰国家早期教育课程框架发展研究小组主任，带领团队研发了于1996年颁布的《新西兰早期教育课程框架》。《新西兰早期教育课程框架》正式颁布后，玛格丽特·卡尔教授又深入5个不同类型的早期教育机构（托幼中心、幼儿园、游戏中心、毛利语幼教中心和家庭式幼教中心）进行研究，并和教师们一起研发了与《新西兰早期教育课程框架》这一受社会文化理论影响的课程相配套的叙事性学习评价方式——学习故事。从那以来，玛格丽特·卡尔教授在早期教育课程和评价等相关领域展开了广泛研究，多部论著和若干学术论文面世。玛格丽特·卡尔教授曾经是幼儿园里的一名普通教师，她也在师范学院培养了许多具有本科和研究生学历的幼儿教师。玛格丽特·卡尔教授对于和教师们一起开展行动研究充满了热情，因为行动研究的主题通常是教师们感兴趣的，关乎教师们在课程发展和评价中遇到的困境和难题息息相关。

温迪·李（Wendy Lee），新西兰教育领导力项目（Educational Leadership Project）负责人，受新西兰教育部委托，为新西兰各类早期教育机构和教师提供专业发展和培训服务。温迪·李在早期教育领域有着丰富的经验，担任过幼儿园教师以及师范院校助教、讲师、管理人员、专业发展促进者和研究者。温迪·李和玛格丽特·卡尔教授共同参与了3个研究项目，研究的主题分别是：提出问题和探究问题、学习智慧、学习的心智倾向和早期教育环境的创设。在此之前，她与玛格丽特·卡尔教授还共同领导了新西兰儿童学习评价和实例项目（National Early Childhood Assessment and Learning Exemplar

4　学习故事与早期教育：建构学习者的形象

Project），编写了"超越地平线/为了促进学习而评价：儿童学习评价实例"①丛书，收录了许多以促进儿童学习为目的的学习评价实例。温迪·李经常在世界各地就早期教育课程、领导力和学习故事等主题发表演讲，她的足迹遍布英国、德国、日本、冰岛、比利时、美国、阿拉伯联合酋长国、挪威、捷克共和国、加拿大、澳大利亚和瑞典等国家。

---

① 原名为 Kei Tua o te Pae，毛利语，音"凯图阿噢体派"，意为"超越地平线"，新西兰儿童学习评价丛书正名。此丛书共 20 本，全名 *Kei Tua o te Pae. Kei Tua o te Pae/ Assessment for Learning: Early Childhood Exemplars*。本书中该丛书简称为"儿童学习评价实例"。——译者注

序

本书阐述了早期教育阶段的记录和评价对建构学习者形象的作用。作者讨论了一种叙事性的评价体系——学习故事的目的和影响。学习故事来自新西兰，《新西兰早期教育课程框架》引领着学习故事的理念和实践。本书是2001年出版的第一本有关学习故事的专著《另一种评价：学习故事》的延伸。自该书出版后，十年时间里，新西兰各地涌现出了许多与学习故事有关的创新性研究和实践，这些研究和实践通常出现在专业发展促进者（professional development facilitators）与教师的合作过程中，以及大学学者和教师们共同进行的行动/实践者研究项目和课程中。作为新西兰教育领导力项目的负责人，温迪引领了许多促进教师专业发展的项目，玛格丽特则与大学生们一起进行探究。温迪和玛格丽特两人还共同参与了许多研究项目。在这种情况下，通过一本新书来分享两位作者和教师们十年来的新研究和新实践似乎是一件水到渠成的事。

我们要感谢新西兰教育部在这十年间为教师们提供的专业发展计划和参与行动研究的机会。2003—2009年，我们主导进行了创新早期教育机构研究课题(Centres of Innovation)的子课题（Meade, 2005, 2006, 2007, 2010）。2004—2009年，我们组织编写了儿童学习评价实例丛书，并在2006—2010年为教师们提供了如何使用这些教学资源的专业培训。我们还引领了由新西兰教育部出资支持、由新西兰教育科学委员会进行有效监管和实施的教与学研究（Teaching and Learning Research Initiative，TLRI）。教与学研究强调研究者要与教育实践者们成为研究搭档。同时，研究过程本身也会给教师、家庭和学习者带来改变。在编写儿童学习评价实例丛书的过程中，我们意识到将理论、研究证据和实例这3条主线编织在一起对各类读者来说都会有价值。基于这样的认识，我们开始着手计划共同撰写这本书。

我们与教师合作进行的一系列研究项目为这本书提供了案例分析、谈话和反思的素材。这些研究项目的标题和目的各不相同，它们分别是：在9个早期教育机构进行的学习智慧研究（Learning Wisdom）、在一个托幼中心进行的提出问题、探究问题的文化的研究（A Question-asking and Question-exploring Culture）、在一所幼儿园进行的幼小衔接研究(Transition to School)、在一所幼儿园进行的将信息技术融入幼儿教育阶段的教与学研究（Integrating ICTs with Teaching and Learning）、在一所毛利语幼教中心进行的儿童是能带来希望的高成就者研究（Te Tamaiti hei Raukura）、在3所小学和两个托幼中心进行的跨场所、跨时间的关键学习能力研究（Key Learning Competencies across Place and Time）、在一所幼儿园进行的增进互动互惠关系的研究（Strengthening Responsive and Reciprocal Relationships in a Wh-ànau Tangata Centre）。在《学习的心智倾向与早期教育环境创设》一书中，我们对由新西兰皇家学会马斯顿基金（Royal Society of New Zealand Marsden Fund）资助的一个研究项目进行了汇报和阐释，其中的一些研究成果也会在本书中呈现。我们还要对共同参与了这些研究项目的研究机构和合作伙伴表达我们最衷心的感谢：珍妮特·克拉金-菲利普斯（Jeanette Clarkin-Phillips）、凯琳·戴维斯（Keryn Davis）、朱迪斯·邓肯（Judith Duncan）、凯罗琳·琼斯（Carolyn Jones）、凯特·马歇尔（Kate Marshall）、特·法里胡亚·米罗伊（Te Wharehuia Milroy）、苏·莫洛伊（Sue Molloy）、萨莉·彼得斯（Sally Peters）、安·B.史密斯（Anne B. Smith）和特纳·威廉姆斯（Tina Williams）。还有学习智慧研究项目中的专业促进者们、教育领导力项目团队成员：艾莉森·布莱尔丽（Alison Brierley）、乔·考伯特（Jo Colbert）、凯瑟琳·德拉尼（Kathryn Delany）、朱莉·克里克（Julie Killick）、罗宾·劳伦斯（Robyn Lawrence）、洛林·桑德斯(Lorraine Sands)和海伦·索拉-那奈（Helen Sola-Nanai）。

实践者研究（practitioner inquiry）是教育研究流派中的一类，在这类研究中，实践者就是研究者，专业实践的环境就是研究现场，而教育实践自身就是研究的焦点（Cochran-Smith and Connell, 2006: 503）。经验告诉我们，这类实践者研究能建构理论，能超越当地教育环境限制，在更宽广的视野中建构对认知和学习的理解，并给其他地方的日常教育实践带来启发。"实践者研究"这一概念也深深影响了教育领导力项目所开展的各个科研和教师专业发展研究（www.elp.co.nz）。在这些研究中，教师和相关科研人员合作建构的是能帮助他们反思教育实践和教学方法的研究成果，同时，这些研究成果也给我们的专业思考和本书的编写带来了启发。我们也要感谢参与这些研究项目的孩子们及其家长和教师。我们想要说明的是，本书中所收录的学习故事并不是因为它们具有示范性或"完美"。这些学习故事来自于特定的学习背景，没有太多关于学习者、学习环境和社区的信息。我们之所以选择这些学习故事，是因为它们能为围绕评价这一主题所进行的讨论、辩论和批评带来启发。我们希望读者们能根据不同的情境对这些实例和学习故事文本所表达的观点进行解读。

我们希望这么多真实的实例能让教师乃至未来的教师感到这本书是很有意思的，也希望学者们能对支持叙事性评价的相关研究和理论基础感兴趣。和2001年出版的《另一种评价：学习故事》一样，我们试图把实践和理论结合在一起。撰写本书的整个过程就像是在拼一套复杂的拼图——将学习故事实例、教师和儿童互动的案例、理论家的论述和教师的评论拼在一起。

在《另一种评价：学习故事》中，儿童被放在了最显著的位置。在这本书里，我们重点突出了教师的声音。除了在第四章的开始部分引用了一位家长的评论，其他各章都是以教师的话开篇的。"第二代"写学习故事的教师们充分利用了新的电子产品给他们带来的各种可能性。

在《另一种评价：学习故事》中，作者详细论述了在早期教育评价中最常被忽略的一个学习成果，即有助于学习的心智倾向，因为1996年颁布的《新西兰早期教育课程框架》重点介绍了一些有助于学习的心智倾向。在本书中，我们拓宽了探究的视野，把学习者的学习成果视为知识和心智倾向的复杂混合体，引入多画面或双重焦点式教学法和评价（Claxton, Chambers, Powell and Lucas, 2011）。本书还描述了教师是如何在教室里进行学习评价的（例如第一章中的实例），就像伊冯（Yvonne S.）老师所撰写的学习故事以及她为儿童创建的个人学习成长档案那样。教师们把对儿童各领域的发展评价与学习故事紧密编织在了一起，而这些故事还关注到了儿童在学习过程中表现出来的心智倾向，以及可能被呈现出来的学习者形象。到了2007年，新颁布的新西兰中小学课程也介绍了一系列指向心智倾向的学习成果——关键能力（key competences）。新西兰中小学课程的各个领域都对中小学阶段的关键能力与《新西兰早期教育课程框架》中学习成果之间的对接进行了描述。新西兰的中小学教师和管理者一起用各种富有想象力的方式探索如何将关键能力融入他们的教育教学活动中，这些方式也包括运用学习故事来评价儿童的学习。因此，本书中也收录了一些小学教师撰写的学习故事。书中关于莉拉尼（Leilani）等的4个学习故事以及第七章中盖里和雷蒙德（Gary and Raymond）的故事分别于2010年和2011年在基督城收集。这些素材最初是为了一套反映学习故事在小学中使用情况的视频资料而收集的，该套资料由新西兰教育科学委员会负责出版，并与本书同期发行。感谢新西兰教育科学委员会允许我们在本书中使用这些内容。我们更要感谢凯琳·戴维斯（Keryn Davis）和乔斯林·赖特（Jocelyn Wright），是她们克服各种困难，让我们能在遭受了2010年9月和2011年2月两次大地震破坏后的基督城获得这些材料。我们也想借此机会向在这座遭受地震的城市中坚韧不拔的专业发展促进者、教师、儿童和家庭致敬。

不论是在与幼儿教师一同工作的时候，还是在撰写这本书的过程中，与坚韧和民主有关的问题一直萦绕在我们脑海中，正如米歇尔·范登布罗克和玛利亚·博芬妮-德·比耶（Michel Vandenbroeck and Maria Bouverne-De Bie, 2006:128）在研究为什么"参与""儿童的权利和主体能动性"[①]这些概念会被学校制度视为离谱时一样。他们指出，将宏观（更广泛的社会结构）和微观（儿童在他们所处环境中的位置）的分析方法与这些概念整合在一起似乎是很有必要的。在本书中，我们在微观层面放大所选的实例，分析的是这些实例所蕴含的中层情境性意义（middle-level situated meaning，Gee, 1997, 2000—2001）。从宏观层面看，这本书是在一个全球化的时代以及充满全球化危机的背景下撰写的，许多人在这个大时代背景下都退而追求个体利益和短期利益。在《民主教育：理由和策略》（*Education for Democracy: Reasons*

[①] 原文中的用词为"agency"，在陆谷孙编著的《英汉大词典》（第2版）中，有一条解释为"动员、力量、释然作用，能做作用"，而在英文相关文献中，"agency"一词与power（力量）和subjectivity（主体性）有关，强调"一个能动的、积极的、有力的主体与身处的环境相互作用"，因此，在本书中，"agency"一词被译为"主体能动性"。——译者注

and Strategies）中，沃尔夫冈·埃德尔斯坦（Wolfgang Edelstein）对此提出了自己的看法。他说，在世界范围内，都存在着针对民主体系的根本基石和基础内容的严重威胁，就是穆科勒所说的对民主道德资源的侵蚀。我们也非常赞同他以下的观点。

> 一个民主的学校并不是一种奢侈品。学习民主，并不仅仅是终身学习这项严肃事业的外延部分，它就是终身学习这项严肃事业。就这点而言，它必须是学校教育的核心目标。(Edelstein, 2011: 127)

学习民主，学习那些非智力的又难以测评的技能和心智倾向，如仁慈、负责任、对话、自主、好奇以及坚持是很有必要的，而这些都可以在儿童时期就开始培养。总的说来，它们对个体的身心健康成长以及社会文化的发展都有长远的影响。同时，相反的一面也是真实的：早期教育中那些个人主义的、不民主的和削弱学习者力量的环境和目标也会影响这些品质在成人阶段的发展。早期教育阶段的评价对于心智倾向的学习起着关键性的作用，尽管评价这些心智倾向是一个复杂的任务，但是如果我们忽略它们的话也会是非常危险的。冈尼拉·达尔伯格和彼得·莫斯（Gunilla Dahlberg and Peter Moss, 2005：vi）告诫我们，"在儿童时期对其增加制度化的管理，可能会导致对儿童进行更多更有效的控制"。他们还指出，如果将早期教育机构视作"通过运用有效技术来达到预期的、标准化结果的场所"的话，这种情形就有可能出现。① 在本书中，我们提出了另一些可能性：不把早期教育实践工作者培养成为技术人员，而是将他们视为有道德和有思想的理论家和评论员，同时又是有爱心和有能力的教师；学习成果是关乎心智倾向的，又是关乎个体与人、与世界之间关系的，它处于学习者和特定文化环境的"中间"；一个重要的教育目标就是使儿童拥有完整的学习者形象和多重可能的自我认知。本书主要讨论的话题就是，通过评价探索在早期教育机构中将所有这些观点联结在一起的多种可能性。

我们诚挚感谢以下幼儿园和学校的教师们，他们提供的学习故事以及各

---

① 在西方的民主理念中，对个体的控制是相悖于个体应该具有自由意志和行为这个理念的。——译者注

10 学习故事与早期教育：建构学习者的形象

种文本、案例给我们带来了很大的启发。

  阿拉图普幼稚园和托儿所（Aratupu Preschool and Nursery）
  阿菲家庭幼儿教育中心（Awhi Whanau Early Childhood Centre）
  凯洛怀特家庭和儿童中心（Carol White Family and Children's Centre）
  第一发现学校（Discovery 1 School）
  法玛萨尼·奥·阿玛塔幼儿园（Faamasani Aoga Amata Preschool）
  丛林幼儿园（Flat Bush Kindergarten）
  格林顿幼儿教育中心（Greeton Early Childhood Centre）
  霍尔斯维尔小学（Halswell Primary School）
  海港幼儿园（Harbourview Kindergarten）
  高地公园幼儿园（Highland Park Kindergarten）
  海尼莫阿幼儿园（Hinemoa Kindergarten）
  霍恩比小学（Hornby Primary School）
  英格兰伯克郡亨格福德托幼中心（Hungerford Nursery School Centre for Children and Families, Berkshire, England）
  儿童快线（Kids Express）
  德国柏林基塔幼儿园（Kita Sommergarten, Berlin, Germany）
  澳大利亚阿德莱德高里夫人托幼中心（Lady Gowrie Childcare Centre, Adelaide, South Australia）
  英国吉斯伯勒圣保利努斯小学（St Paulinus Primary School, Guisborough, England）
  海童幼儿园（Tai Tamariki Kindergarten）
  泰图库幼儿园（Taitoko Kindergarten）
  自由儿童毛利语幼儿中心（Te K hanga Reo o Mana Tamariki）
  芒厄雷桥幼儿园（Mangere Bridge Kindergarten）
  芒厄雷桥小学（Mangere Bridge Primary School）
  新布莱顿社区幼儿园和托儿所（New Brighton Community Preschool and Nursery）
  诺斯科特小学（Northcote Primary School）
  里士满山幼儿园（Otahuhu Kindergarten）
  帕库浪阿教会幼儿园（Pakuranga Baptist Kindergarten）

帕帕努依小学（Papanui Primary School）
帕帕图图幼儿园（Papatoetoe Kindergarten）
柏景小学（Parkview Primary School）
鸽子山幼儿园（Pigeon Mountain Kindergarten）
南罗斯基尔幼儿园（Roskill South Kindergarten）
罗托鲁阿小学（Rotorua Primary School）
斯坦摩尔湾幼儿园（Stanmore Bay Kindergarten）
英格兰达拉谟约克大厦托儿所（York House Nursery, Durham, England）

第一章
幼儿对自己作为学习者的认知：四大主题

魔法盒 1.1

在学习故事《设计的灵感》(Design Inspiration)中，我们可以看到，凯娅（Kyah）非常乐意去灵活调整自己设定的目标。她发现（书上）照片里那件可以穿的艺术品是用旧牛仔裤做的，并意识到自己无法用书中艺术家所用的那种材料来设计制作自己的作品，必须选择自己可以找到的其他材料来替代。凯娅对于自己是一个什么样的学习者的自我认知，来自于她的家庭和她的老师们对于学习和智力的态度。《学习是可以学习的》（Learning is Learnable，Claxton, 2004: 3）一文中记录了人们是如何在无意中从身边的人那里"学到"他们的行为习惯、思维习惯和价值观的。我们置身于一个由学习者组成的共同体中。在这个共同体中，教师起着至关重要的作用，特别是对于一天大部分时间都在早期教育机构和集体环境中度过的儿童来说。

——这是幼儿教师凯伦（Karen）在参与一个课题研究时，就某一个学习故事所作的评论

魔法盒 1.1 中的这段话出自一位教师。她记录了 4 岁孩子凯娅的一个学习事件，也引出了与凯娅是如何认识作为学习者的自己有关的 4 个主题：小小学习者们为自己建构学习机会，在不同学习情境之间建立联结，清楚地认识到自己的学习过程，用越来越复杂的方式探究自己的想法。

2　学习故事与早期教育：建构学习者的形象

本书将把这四个主题视为评价产生的影响。为了促进学习而进行的评价（Assessment for learning），在儿童建构作为学习者的自我身份认知①的过程中扮演了重要角色。正因为有了学习故事和收集学习故事的个人学习成长档案——这些可以与其他人一起重温的资料——凯娅才能够认识到这个学习过程是有价值的。让我们最感兴趣的是叙事性评价的作用——它让成人、儿童可以讲述和重述与学习和个人才能有关的故事，反思过去，并计划未来。正如凯娅的老师所指出的那样，现在，许多儿童每周会在集体教育环境——托幼机构和学校——度过大部分时间。因此，我们必须密切关注这四大主题以及评价给儿童带来的影响。

在本章开始部分所引用的评论中，凯娅的老师重点强调了凯娅生活中那些对她有重要影响的成人的学习观，以及这些成人的学习观是如何影响凯娅的。凯娅的老师还指出，早期教育机构和家庭可以被形容为学习者共同体，在这些共同体里，与学习有关的习惯和价值观（也包括生活中其他方面的习惯和价值观）可以被每一个共同体成员有意识或无意识习得。关于这个话题，皮埃尔·布尔迪厄（Pierre Bourdieu，1990）也作了相关论述。他认为，这些价值观和存在之道是被作为惯习（habitus）一代代传承下来的，惯习是"持久的系统和可迁移的心智倾向"，它界定了"能做的和不能做的事情，能说的和不能说的话"，而这些都与即将到来的"可能的"未来有关（p. 53）。在 21 世纪，由于早期教育的繁荣发展，以及人与思想的国际性流动，传统的代际间的或垂直式的传承变得越来越复杂。学习者共同体已经在全球范围内扩展，互联网和它所架构的社交和信息网络平台也深刻影响了我们对那个即将到来的"可能"的未来的认识。对于这些，我们所做出的回应之一是，我们现在必须强化横向的和交叉式的影响，为帮助儿童在早期教育阶段建构作为学习者的自我身份认知付出更多努力：将早期教育中的各种教育共同体——家庭、家庭之外的早期教育机构和小学的价值观、目标和愿景联系在一起。马丁·派克和大卫·格列柯-布鲁克斯（Martin Packer and David Greco-Brooks，1999）对这方面有着深入研究。他们认为，学校并不仅仅是教知识和技能的地方——进行认识论层面的工作，还是一个开展本体论层面

---

① 原著中使用的英文单词为 identity，在本书中译为"身份认知"或"形象"，并根据上下文语境选用这两个中文词语。——译者注

工作（ontological work，p. 135）的地方。本体论层面的工作包括建构和编辑学习者的形象，并为持久的、可迁移的心智倾向——这些心智倾向描述了哪些是能做的和不能做的，哪些是能说的和不能说的，以及我们对未来的期望——提供新的发展机会。

派克和格列柯-布鲁克斯的这些观点，适用于任何在家庭之外提供早期教育和养育服务的机构。在分析了比利时幼教机构中3位新移民母亲在儿童上小学前几个星期的经历之后，米歇尔·范登布罗克、葛丽叶·罗伊特斯和艾斯吉·斯诺克（Michel Vandenbroeck, Griet Roets, Aïsji Snoeck, 2009）说道，早期教育机构"可以被视作建构文化模式中共享的才能，并共同对它们进行重置的地方"（p. 209），它也是挑战"民族特性是固定的""自我是单一的"这类观点的地方。他们认同罗西·布拉依多蒂（Rosi Braidotti, 1994）笔下的"流浪的主体"（the nomadic subject, p. 158）这一概念，即（学习者是）"一个具有混合性又相互联系的身份，它占据了多种可能的主体位置"（Vandenbroeck et al., 2009: 211）。凯娅的故事也暗示了至少两个可能的主体位置：一个即兴创作的学习者和一个"布料设计师"。詹尼尔（Jenelle）是凯娅所在幼儿园的一位老师，曾经写过一篇凯娅参与设计工作的学习故事。当时幼儿园刚举办了一个展览会，主办方送给幼儿园一本有关"可以穿的艺术"的书，其中有一个设计作品是用十米多长的牛仔布制作的。它看上去就像是一件用儿童牛仔裤布料做成的舞会礼服。凯娅用从家里带来的旧布料，自己设计了一件舞会礼服。

4 学习故事与早期教育：建构学习者的形象

下面这段杰罗姆·布鲁纳（Jerome Bruner，2002）的论述能够概括本书中的许多观点。

> 正是通过叙述，我们创造并再造了自我，自我就是我们讲述和重述的产物。我们从一开始就是我们所置身的文化的表达。文化充满了关乎自我是什么或可以是什么的可选择的叙述。（p. 86）

文化，充满了"关乎自我是什么或可以是什么的可选择的叙述"，这一概念正是我们在这本书中想要表达的：儿童发展所处文化模式共享的才能，并成为这种文化所重视的、独一无二的学习者，从某种程度说，（这样的学习者）是被讲述和不断重新讲述的与学习有关的故事的产物。我们认为，教师、儿童和家庭是能够合作讲述并不断讲述学习的故事的，而儿童发展的所有才能则是复杂的知识与心智倾向的混合体。

在本书中，我们突出的是教师的观点。教师这一职业给幼儿教师带来了困惑和冲突，我们一直都非常欣赏她们准备随时与这些困惑、冲突斗争并努力思考的方式。我们重视教师的观点，也许是因为我们与教师曾经共同努力过，或许也是因为我们的想法与"学习是一种文化过程"这一观点不谋而合。在娜依蕾·苏阿德·纳西尔（Na'ilah Suad Nasir）、安·罗斯博里（Ann Rosebery）、贝丝·沃伦（Beth Warren）和卡洛儿·李（Carol Lee）2006年合著的《学习科学手册》（Handbook of the Learning Sciences）一书中，有一章的标题为《学习是一种文化过程：通过多元化实现公平》（Learning as a Cultural Process: Achieving Equity through Diversity）。在这一章里，作者讨论了文化是如何成为学习核心的。

> 说到"文化"，我们指的是一系列实践。这些实践是经过历史积淀的、为了实现社会所推崇的目标而被社会不断修正的。这些实践包括人们使用的工具，将人与人联系在一起的社交网络，人们组织共同活动的方式，以及人们经常运用并重视的言论（即用特定的方式来理解、再现、评估和适应这个世界）。根据这个观点，学习和发展可以被视为在生命历程中习得多种相互重叠、互补甚至是矛盾的文化实践。（p. 489）

我们撰写本书有一个目的，那就是探索像学习故事这样的叙事性评价到底能为建构文化实践和学习者形象做出哪些贡献。关于学习者的形象及其建构过程，我们的观点主要包括以下4个方面：主体能动性和对话（组织共同活动的方式），跨越边界将各个学习情境联系在一起（将实践联系在一起的社交网络），不断认识学习的连续性，运用各种日益复杂的方式占有知识、发展有助于学习的心智倾向（那些在论述中得到应用和受到重视的知识和心智倾向）。纳西尔等（2006）写道，文化实践在某种程度上是由社会所使用的工具构成的。在这里，我们主要关注的工具就是评价，我们还将用以下观点来结束我们这一部分的讨论，那就是，用以评价学习的工具也能通过影响文化的其他层面——社交网络、集体活动的组织方式和人们经常运用并重视的言论来促进学习。

主体能动性和对话

本章伊始，在凯伦老师谈论凯娅自我身份认知的那段话里，她说到了"凯娅的家庭和老师对于学习和智力的态度"。在早期教育机构中，凯娅被视为一个强有力的学习者，一个具有主体能动力的参与者，一个被有意识地鼓励着去创作的人。盖·克莱斯顿（Guy Claxton，2004）所坚信的"学习是可以学习的"这一观点提醒了凯伦。同样给凯伦带来启示的还有詹姆斯·格林诺（James Greeno，2006）的论述，那就是，如果学习者被定位为有权力的和负责任的角色的话，学习将更有可能持续下去，不过，这样定位学习者对教师来说有可能是一个挑战。艾拉姆·西拉杰-布拉奇（Iram Siraj-Blatchford，2010:157）在英国进行了一项长期跟踪研究——有效学前教育项目（Effective Provision of Preschool Education, EPPE）。①她发现，"出色的"机构能鼓励人们"保持共同思考"。她把"保持共同思考"描述为"一段时间内有两个或更多的人用一种智慧的方式'共同工作'，以解决问题、厘清概念、评估活动、扩展论述等"。她还补充道："研究发现，这并不是经常发生的。"

---

① 该书中文名为《学前教育的价值：关于学前教育有效性的追踪研究》，已由教育科学出版社于2011年出版。——译者注

6 学习故事与早期教育：建构学习者的形象

真正的对话，要求人们有意识地去创造能够分享各自的想法并进行合作的机会，就如同尤里·布朗芬布伦纳（Uri Bronfenbrenner，1979）在论述社会角色是人的发展环境时建议的那样。

> 某个角色的权力被社会认可的程度越大，这个角色的承担者就越趋向于运用和利用这种权力，而那些处于从属位置的角色，就会用更加服从、依赖和没有主见来回应。（p. 92）

内奥米（Naomi）老师重新回顾了和三四岁的孩子们一起学习时的学习故事。她对自己与萝丝（Rose）间谈话的质量进行了反思。

> 我发起过很多这样的谈话，有时，我没有选择好时机，这在我们的交谈过程中就会反映出来。有时孩子似乎并不感兴趣，于是我就必须设法引导，这经常就会导致我问很多问题，孩子说的却不多。今天，我选择的时机不一样。我发现萝丝在寻找一个能和她一起看她的成长档案的人，于是我就抓住了这个时机，主动提出我可以成为她想要寻找的那个人。这次谈话，与我和萝丝的第一次谈话相比，大不一样。大部分的谈话内容是由萝丝主导的，我跟随她；这一点，在比较我和萝丝第一次谈话（18 个回合）和这一次谈话（6 周后，74 个回合）的长度时就能反映出来。

内奥米说"大部分的谈话内容是由萝丝主导的，我跟随她"，这表明，在这次对话中，萝丝拥有一定的权力或主体能动性。

"在中间"学习（learning "in the middle"）

我们在本章中引用了布鲁纳的论点，他谈到了"自我"（self）。在本章其他地方，我们也引用其他学者有关"身份认知"（identities）和"可能的自我"（possible selves）的论述，这些都为我们揭开了被"自我""身份认知""可能的自我""主体的多重位置"（subject positions）这些词汇所占据的有争议的理论领域的一角。我们选定了"身份认知"一词，一个在社会文化理论中常用的词汇。纳西尔认为，学习是一个文化性的过程，这个观点与詹姆斯·吉（James Gee）从社会文化理论视角对主流话语（Discourse）进行的解读存在强烈共鸣。我们在这里提到詹姆斯·吉，是因为他在一本关于评价的著作中进一步论述了"从社会文化理论视角看待学习的机会"这个话题。吉（Gee，2008）将传统的观点与"情境的/社会文化性的"（situated/sociocultural）观点进行了比较。

> 一个情境的/社会文化性的观点，不会从知识和学习在头脑中的表现这个层面来看待知识和学习，尽管我们没有必要去否定这种表现的存在和它的重要作用。相反，一个情境的/社会文化性的观点，是从个体身心以及承载着个体思想、情感和互动的环境之间的关系这个层面来理解知识和学习。在传统的知识和学习论观念里，身体和环境都被淡化了。（p. 81）

詹姆斯·沃茨（James Wertsch，1991）也使用了"社会文化性"一词，因为他说他想要"理解心智的活动是如何置身于文化性的、历史性的和制度性的环境中的"（p. 15）。沃茨的观点给本章的撰写带来了很多影响。他写道，与其说我们是在谈论个体（许多个体），不如说是在谈论"受中介工具[①]影响而行动着的个体（许多个体）"（p. 12）。后来，他又写道："关注受到中介影响的行动以及在行动中所使用的文化工具，让'在中间生活'成为可能，也让解读行动、权力和权威所具有的特定文化性成为可能。"（Wertsch，1998：65）另一个引领我们分析过程的观点是，一个学习活动是被分配在社会和文化实践中的。佩吉·米勒和杰奎琳·古德诺（Peggy Miller and Jacqueline Goodnow，1995）认为，学习者是"参与着某种实践活动的人"（person-participating-in-a-practice，p. 8）。我们感兴趣的是，在这个"中间地带"发生着什么，在教育环境和个体学习者的交互关系之间发生着什么。评价就处于这个中间地带，因此，吉、沃茨、米勒和古德诺的观点对我们有很大帮助。

---

① "中介"（mediation）是以维果斯基为代表的社会文化理论学派经常使用的一个概念，指的是在一定社会文化中，人们交流、思考、解决问题和创造知识所使用的符号系统和人工制品。——译者注

8 学习故事与早期教育：建构学习者的形象

与主体能动性和身份认知有关的理论影响着南太平洋地区的课程。2009年颁布的澳大利亚早期学习框架就被命名为《归属、存在和形成》（Belonging, Being and Becoming, Commonwealth of Australia, 2009）。课程所期待的五大学习成果（Five Learning Outcomes）之一就是有强烈的身份认同感，另有3个学习成果是与联系、参与和沟通有关的：儿童与他们生活的世界相联系并有所贡献；儿童是自信的参与的学习者；儿童是有效的沟通者。这些学习成果是"在中间学习"的成果。这套课程中的最后一个学习成果为"儿童有强烈的幸福安康感"（sense of well-being），它包括自信和乐观，以及"主体能动感和与有共鸣的他人进行互动的愿望"（p. 30）。支撑学习故事的引领性课程文件是《新西兰早期教育课程框架》，以及课程中提出的五大学习和发展线索、与之相关的融合了知识和心智倾向的学习成果 (Ministry of Education, 1996)。这些学习和发展线索用毛利语表述就是：mana tangata, mana atua, mana aotūroa, mana reo, mana whenua。毛利语中的 mana 这个词很难用英语准确翻译出来，它与权威、声望、力量和授权有关。课程中的毛利语部分列出的学习和发展线索就是 mana 的几个维度——也可以被描述为权威和力量的五大来源——人，精神、心理和身体的健康，对世界的最广泛意义上的认识，语言和地方。课程框架中使用的与 mana 的五大维度相对应的英语词汇（并不是直译过来的词语）包括：贡献、身心健康、探究、沟通和归属感。[①]

艾迪尼·温格（Etienne Wenger, 1998）在论述教育过程中建构自我身份认知时指出，学生需要有"影响世界和让他们的行动变得重要的方法"。温格作了如下阐述。

> 从归属感入手谈论学习，让我们有可能在进行教育设计时不仅仅停留在考量课程实施层面上的问题，而是能更多地去思考教育设计对自我身份认知的影响。学生需要：①让他们投入学习的地方；②让他们建构对这个世界和自我的认识的材料和经验；③让他们影

[①] 出自新西兰教育部（1996）。与这个课程文件有关的其他读物包括：由乔丝·纳托尔（Joce Nuttall）主编的于2003年出版的 Weaving Te Whāriki，琳达·米勒（Linda Miller）和琳达·庞德（Linda Pound）主编的 *Theories and approaches to learning in the early years* 中由安·B. 史密斯（Ann B. Smith）撰写的部分。

响世界和让他们的行动变得很重要的方法。（p.270）

彼得·约翰斯顿（Peter Johnston，2004）写道："主体能动性闪现出来的火花简单说来就是一种知觉，即觉察到我们身处的环境是能对我们的行动做出回应的。"（p.9）凯娅的老师所作的评论就已经描述了这样一个能让凯娅投入学习的地方或社区。在这个地方，凯娅的行动被认为是重要的，是值得被记录下来的。

跨越边界，建立联结

本书的第二个基本观点是，如果儿童的家庭与学校或幼儿园之间能就儿童的教育进行沟通，儿童发现学习机会的能力和在新环境中学习的能力就会得到促进。在论述身份认知时，温格（Wenger，1998）又一次指出，对多元化视角进行整合"是我们生活的这个世界所需要的教育中最关键的一点"，而这其实就是一个"跨越不同边界"的问题。

> 要想对这个世界有影响，学生必须学着去寻找能够整合多元视角的方法。这个观点已经得到了普遍的认同。没有被普遍认同的是，整合多元视角的能力并不仅仅与信息和技能有关。这不是一个抽象的技术问题，也不只是学习多种多样的实践。相反，这是一个关于身份认知的问题——跨越边界，寻找在这个世界存在的方式，让我们能在处理重大问题时包容多元化甚至互相矛盾的观点。用这种方式去建构身份认知，是参与被各种对接问题挑战着的特定学习共同体的产物。这是我们生活的这个世界所需要的教育中最为关键的一面。（p.274）

家庭的期望

存在于交汇地带的不同期望就是这种对接的一个方面。约翰·哈迪（John Hattie，2009）对800个与教育成就有关的研究文献进行分析后发现，家长

10 学习故事与早期教育：建构学习者的形象

的期望要比家庭的其他结构性特征（单亲或双亲家庭，家中有父亲或没有父亲，父母离异，收养的或亲生的孩子，或是独生子和非独生子）对儿童的影响更大。

> 家长传递给他们孩子的鼓励和期望，有着重大的影响。但是，许多家长难以充分理解"学习"这门语言，这就让家长在鼓励孩子实现他们的期望时处于劣势。在所有家庭类型中，家长对于自己孩子的教育成就所持有的渴望和期待，都与孩子最终取得的成就有着强有力的关系。（p. 70）

家长们难以充分理解"学习"这门语言，这一点从利兹·布鲁克（Liz Brooker, 2002）在英国进行的研究中得到了有力的佐证。波拉德和法勒（Pollard and Filer, 1999; Filer and Pollard, 2000）研究了学习倾向的规律，认为儿童的家长在讨论、协调和解读学校经验和新挑战的过程中扮演着非常重要的角色。

在我们的一个研究中，我们对奥芬娜（Ofeina）的发展进行了历时18个月的跟踪。奥芬娜的妈妈是七兄妹中的老五，十几岁的时候就从汤加移居到了新西兰。她离校后，为了支撑家庭的经济，有很多年一直做着两份工作。如果家长去工作了，奥芬娜、她的哥哥和一个表兄就由他们的祖母照看。他们的祖母一直用汤加语和孩子们沟通。在奥芬娜家里，汤加语和英语都会被使用。以下是奥芬娜的妈妈对自己孩子的期望。

> 我告诉他们，你们要上大学，因为我没有上。我知道我应该上，但是我没有。上学的时候，我就去兼职打工；当我上高三时，我必须去寻找一份兼职的工作，来帮助爸爸妈妈……我一直对我的儿子说，"即便他们说你不能，你还是必须尽力而为"。（Carr, Smith, Duncan, Jones, Lee and Marshall, 2010: 63–72）

5岁的奥芬娜知道，这可能是她的未来。

评价作为边界介质（assessments as boundary objects）

一些研究者在不同的学科领域讨论了"边界介质"在整合多元、矛盾视角过程中的作用。苏珊·斯达和詹姆斯·格里赛默（Susan Star and James Griesemer, 1989）认为："边界介质的创造和管理是相互交错的社会群体得以和谐发展和维持的一个关键过程。"（p.393）丹娜·沃克和奥诺丽娜·诺孔（Dana Walker and Honorine Nocon, 2007）研究了课外课程中的嘻哈舞蹈活动，他们认为跨越边界的能力就是"能在多种环境中发挥作用的能力"。他们对"主流话语的重构"以及"由文化经纪人和边界介质参与的跨越边界的过程"进行了论述（p.179）。帕米拉·莫斯、布莱恩·吉拉德和詹姆斯·格里诺（Pamela Moss, Brian Girard and James Greeno, 2008）在论述评价时认可了有关边界介质的前期研究，把记录下来的评价视为边界介质。对于"边界介质"这个概念，他们作了以下论述。

> （边界介质）为分析记录下来的评价提供了额外的理论资源。边界介质，是一个存在于多元又纷杂的社会群体（或活动体系）中的介质，它能让这些社会群体相互沟通和合作。（p.300）

学习故事就是边界介质，当加入另一个边界介质"家庭语言"后，它们的地位和价值会得到很大的提高。本书的第四章就选用了一些将学习故事与家庭语言结合在一起的实例。

对学习的连续性的认识和再认识

我们将仔细探讨能够让儿童意识到自己已经踏上了学习之旅、并能够识别出旅途中不同阶段的机会。这是本书的第三个主题。我们强调学习是一段旅程。在第五章中，我们提出学习故事是"一连串学习的事件，这些事件影响着学习的某些方面或自我身份认知的建构"（Lemke, 2001: 25），但这里有一个前提，那就是要认识（或重新认识、改变）学习旅程的连续性，也就是说，要对长期目标有正确的认识。不同的社会对这种长期目标会有不同的解读。

在这里,我们要介绍"多重可能的自我"这一概念,这一概念在2001年出版的第一本学习故事专著《另一种评价:学习故事》(Carr, 2001a: 26)中也有所介绍。这个概念来自于海兹尔·马库斯和宝拉·纽鲁斯(Hazel Markus and Paula Nurius, 1986)对自我身份认知的描述,与它产生共鸣的论述是布鲁纳的"另一种关于自我是什么或可能是什么的叙述",以及布尔迪厄的"与即将到来的'可能的'未来有关的那些能做的和不能做的事情,能说的和不能说的话"。马库斯和纽鲁斯指出:"多重可能的自我来源于自我在过去的表现,它们也包括自我在未来的表现。"(p. 954)"各种可能的自我来源于那些被个体身处的特定社会文化和历史环境所重视的内容,来源于中介以及个体的直接社会性经验所提供的榜样、图像和符号。"(p. 954)

凯罗琳·吉布斯(Caroline Gipps, 2002)对评价有着深入的研究。她也从自我身份认知这个角度对评价的作用进行了论述。

> 由于课堂提问和反馈具有公共特性,而且师生关系中存在权力的动态变化,评价在自我身份认知过程中起着关键的作用。评价和评估是让这个社会性过程得到承认的一条路径:自我身份认知是社会给予的,在社会中持续,在社会中改变……如果自我身份认知的建构涉及的是让他人和自己相信自己是谁,以及可以做什么的话,他人的判断就显得至关重要了。(p. 80)

对于马库斯和纽鲁斯(1996)来说,多重可能的自我,就是关于自我的有效认知结构,"它们决定哪些刺激需要被关注"(p. 955)。它们能够决定什么被注意到了,什么被识别了。例如,一所运用学习故事进行评价的小学,为小学生们设定了4个目标:坚韧的学习者、思想者、有爱心的公民、沟通者。这些目标为分析儿童的学习故事提供了线索。

罗宾(Robyn G.)是一名幼儿教师。她注意到,一次阅读学习成长档案的过程,激发西拉对自己的身份做出了评论。罗宾认为这是一个非常重大的事件。

魔法盒 1.2

我是一个图书馆女孩

讲述：罗宾

今天，我被三个孩子静静地包围。我们在一起回顾他们的学习成长档案夹。看到自己和朋友们的照片时，孩子们会大声欢呼，回忆当时的情形。在我们身后，西拉靠在沙发上，一个人看着自己的文件夹，小心翼翼地翻着每一页，自言自语。我非常关注她，我从来没有看到她对自己的文件夹如此感兴趣过。她看的是几张她在学校图书馆里与一名图书管理员坐在一起的照片。然后，我听到她对自己说，"我是一个图书馆女孩，我是一个图书馆女孩"，就好像在唱歌一样。她在对自己说这些话的时候，脸上洋溢着自豪的微笑。这让我非常惊讶，除了一些单词以外，我还几乎没有听她说过英语呢。

能够有幸听到西拉说英语真是让我激动。每周带孩子们去社区图书馆是幼儿园持续进行的活动，我们已经坚持两年了，但是却很难看到孩子们在短期内有什么进步。西拉现在 3 岁了，她跟着我们去社区图书馆已经有 6 个月了。她的母语学习得到了缅甸语老师图图的支持。我想，正因为有了这样的支持，西拉才会对自己在图书馆的经历及其价值有深刻的理解。

14 学习故事与早期教育：建构学习者的形象

　　我们还看到另外一个实例。幼儿教师姬丽（Kiri）正在和安德鲁（Andrew）一起翻看他的学习成长档案。安德鲁问道："这是我在做我的书吗？"（这是一个安德鲁还没有读过的新的学习故事，记录的是他进行书写和自制图书的过程）姬丽说："是的，当时你正变为一个作者。"同一个幼儿园中一个四岁的孩子考瑞（Cory），迷上了在玩水和管子的过程中解决问题。普露(Prue)老师反思道："他能够专注这么长时间，太让我惊讶了。"大约在一年后，普露老师又一次评论了考瑞对水流和管子持续不断的兴趣，因为他玩水和管子时越来越有想法了。在一个学习故事中，她写道："实施了进一步的实验，有些能成功，另外一些则不太成功。"她在故事里写道："这就是我们在做实验的时候会发生的事情……我想，科学家在探究的时候也就是这样的吧。"另外一位教师海伦（Helen）在卡马尔布里特（Kamalpreet）的学习故事中指出，卡马尔布里特不仅把她的成长档案当成了学习计算的工具，还把它作为促进自己身心健康、发展归属感的工具（见学习故事 1.1）。

学习故事 1.1

卡马尔布里特喜欢她的成长档案

　　撰写：海伦　　第三学期

　　我注意到，你越来越喜欢使用你的成长档案了。最初，你习惯于拿着你的成长档案到处走动，然后，我开始看到你阅读自己的成长档案。坐下来读自己的成长档案，就好像在读一本关于自己的书，已经是你经常做的事情了。一天，当我们一起阅读你的成长档案时，你停了下来，开始数在某一页上你粘贴的卡片数量。你的数数能力给我留下了深刻印象。以前，我从来没有想过成长档案会成为学习计算的工具，所以，谢谢你，卡马尔布里特，是你让我意识到了这一点。

　　我在这里看到的学习

　　卡马尔布里特，你对自己成长档案的所有权意识是那么的强烈。对你来说，拥有这本成长档案，就像拥有最心爱的玩具或图书那样，你是如此的喜悦和快乐。

在幼儿园这个"游戏场所"里和她的成长档案之间的互动，促进了卡马尔布里特的身心健康和归属感。

用越来越复杂的方式占有知识，发展有助于学习的心智倾向

这是第四个主题。一个课程文件可以指定（个人如何）占有学科知识的路径，但是，对于教师和儿童来说，获得知识绝不只是对知识的"掌握"。它还包括个人对知识的理解，把知识变成自己的。我们发现沃茨（James Wertsch, 1997）对于"占有"的定义在这个语境中很有帮助。

> 由于我把自己对"占有"的理解追溯到了巴赫金（Bakhtin）的论述，那就有必要分析一下他用的俄语单词：*prisvoenie*。*prisvoenie* 的词根和相关动词 *prisvoit*' 都与所有格形容词 *svoi* 有关，*svoi* 的意思是"一个人自己的"。*prisvoit*' 指把一些东西带到自己的生活中，或是把一些东西变成自己的，而名词 *prisvoenie* 指的是把一些东西变成自己东西的过程……在这里，我指的是，把单词，包括故事，变成一个人自己的，可能与"掌握"它们截然不同。（p. 16）

想要了解更多与"共同占有"有关的讨论，请参考布朗、阿什、卢瑟福、中川、高登和坎皮奥内的论述（Brown, Ash, Rutherford, Nakagawa, Gordon and Campione, 1993）。这个"把一些东西变成自己东西的过程"是一个个性化的过程。在一个幼教中心里，个性化能通过很多方式体现，包括：①结合和改编来自家庭的知识，发展先前的兴趣；②把一个人的故事讲给他人听，围绕这个故事展开对话；③用多种方式和语言表达想法。

结合和改编来自于家庭的知识,并以先前的兴趣为基础

凯娅从家里带来材料,个性化了自己的学习过程。我们可以说,她视自己的工作为成人面料设计师的工作的翻版。从心智倾向性的角度来说,这个故事记录的可能是一种即兴的、用已有材料创作并尝试各种过程和想法的倾向。教师重视这种倾向,注意、识别和回应①其他与之相关的时刻。凯娅展现了一系列有助于学习的心智倾向以及对这个任务的兴趣。

把一个人的故事讲给他人听,就这个故事展开对话

玛丽安娜(Marianne)老师是一名教师研究者(teacher researcher),和内奥米老师参与的是同一个研究课题。在这里,她评论了自己和一个孩子"一段共享的建构知识的历史"(a shared history of knowledge)。

> 我想,通过在对话中分享我们各自储备的知识,我们各自的心智倾向也得以显露出来,并变得更为稳固……一开始,他真是一个非常安静的男孩,在回顾的过程中,他的很多故事才被揭晓。这些都让我深刻体会到了回顾的力量……在不断的回顾和对话中(持续

---

① 注意、识别和回应,在儿童学习评价实例丛书前20本中,被用来定义评价。我们和凯罗琳·琼斯(Carolyn Jones)一起编写了这些书(Carr, Lee and Jones, 2004, 2007, 2009)。在第一本书中(2004: 6),我们指出书中所说的评价是用"注意、识别和回应"来描述的。这样的描述来自于布朗文·科威(Bronwen Cowie)在科学教室里所进行的有关评价的研究。这个描述对参与她研究课题的教师们很有帮助,我们也觉得它很有用。我们把"三步评价过程"描述为逐步过滤的过程:教师们在工作中会"注意"到儿童的许多活动或状态,但是她们会将其中的一部分"识别"为"学习"的活动或状态。然后,她们会选择对识别出来的一部分学习活动或状态进行"回应"。在那以后,我们又增加了两个过滤步骤:记录和回顾。在这本书中,我们在一些地方都提到了这套系列丛书。这些书都可以在新西兰教育部网站下载:http://www.lead.ece.govt.nz/EducateHome/learning/curriculumAndLearning/Assessmentforlearning/KeiTuaotePae.aspx。还有一本关于回应的有趣著作,那就是由约翰·梅森(John Mason, 2002)撰写的 Researching your own practice: The discipline of noticing。

了一年时间），借助让回顾得以实现的学习故事，一段我们共享的建构知识的历史也就被发现了。

用多种方式和语言表达想法

凯娅的故事就体现三种方式和语言：书中的文字（听到的）、图片以及拼贴活动。在这之前，她已经体验过拼贴——从杂志上剪下时装图片。这次，她对这个想法进行了调整，用不同的材料——布和衣服来拼贴。对这个学习过程进行分析时，詹尼尔老师对其心智倾向进行了评论："你似乎是一个'打破常规'思考的人，寻找不同的方式来表达自己想法，为自己心中的疑问寻找答案。"乔安娜（Joanna）老师为凯娅写的另一个学习故事《艺术家就在我们身边！》提到了她用的另一种语言——马赛克（见学习故事1.2）。

学习故事 1.2

艺术家就在我们身边！

撰写：乔安娜

让艺术家来启发我们创作的灵感——能有这样的机会的话，那就太荣幸，也太令人兴奋了！邀请一位艺术家来到我们幼儿园，和儿童一起工作，这个主意我们已经琢磨了好长一段时间了……

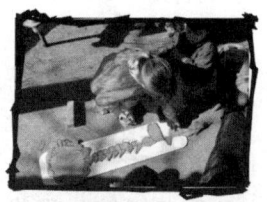

艺术家朱莉（Julie）和我们一起做的马赛克作品启发了凯娅，她开始创作她自己的艺术作品。凯娅开始构思，她先是专心地看一本图书中有关马赛克的设计，然后才决定她想要创作什么样的作品。在收集了需要的所有工具后，凯娅开始了她的创作。第一步，她画了自己的设计图，然后很仔细地沿着设计图轮廓线把自己设计的图案剪了下来。稍后，凯娅把她设计的图案描画到一块石膏板上。她仔细分析了自己的设计图，在稍加美化后，开始用彩色马赛克小砖拼贴图案。对凯娅来说，这是一场持久战，她从几周前就开始了这次拼贴之旅。每当她想要拼

18　学习故事与早期教育：建构学习者的形象

贴的时候，就会回到拼贴桌边拼上几块。请关注凯娅最新的创作进展和照片哟！

对儿童的创造力进行约束，是我们很不认同的，相反，我们让儿童为自己设定任务和目标。有时候，当这成为一个挑战的时候，我们会适时回应，支持和鼓励儿童做决定。这个创作马赛克的过程，给了凯娅机会，让她得以审视图书中艺术家们制作的那些马赛克拼贴作品，自己构思，画下自己最感兴趣的图案，并承担创作过程中的所有工作，例如主动研究和创作艺术作品，将设计图纸描画在石膏板上，选择完成她的作品所需要的彩色马赛克小砖，以及进行拼贴和灌浆。

能在这样的创作过程中陪伴凯娅是我的荣幸。凯娅是一个有热情、有积极性的学习者，她很热衷于挑战自己。她果断，有创造力，有很清晰的思路和想法，工作起来也很有方法。凯娅对自己是一个"能干又有才华的学习者"的自我认知，给了她探究新概念、质疑自己和他人想法的信心。我认为，有助于学习的心智倾向（如参与、表达想法和观点、承担责任、遇到困难能坚持和产生兴趣）已经融入了凯娅与周围环境的互动之中，也融入了她与我们共享的那种开放和互动互惠的关系中。

知识和有助于学习的心智倾向

我们把学习视作将知识库[①]和心智倾向库进行混合的复杂过程。与混

[①] 在本书中，我们选择用知识库和心智倾向库（stores）这种表述方式，而不是"储备"（funds）一词。2001 年出版的学习故事专著中，在"有能力"部分提到的心智倾向三位一体式概念框架——"准备好、很愿意和有能力"，就使用了"技能和知识储备"这样的表述方式（pp. 123–124）。在研究 9 个早期教育中心里的儿童是如何看待他们和老师一起学习的这个课题时，有人建议我们用"心智倾向储备"这种表述方式来与"知识储备"匹配。不过，在文献中，"知识储备"这个词是有其特定含义的："我们使用'知识储备'这个词来指那些经过历史积淀和文化传承的，对家庭和个人的运作和身心健康非常重要的那些知识和技能。"（Moll, Amanti, Neff, Gonzalez, 1992: 133; Gonzalez, Moll and Amanti, 2005: 169）由此，"知识储备"一词就是指儿童从家里带到学校（由此推断，也会带到幼儿园）的知识和技能。

合这种说法相似的描述是"自适应技能"（adaptive expertise），"那就是，发展可变通的知识和心智倾向，以有效应对不同环境和任务"（Nasir, Rosebery, Warren and Lee, 2006: 490）。我们通过讲故事来体现这个过程的复杂性。

　　心智倾向在发展日益复杂的知识和技能的过程中，起到了情感和文化过滤器的作用。它们超越家庭环境，成为一个"心智倾向性环境"（dispositional milieu），鼓励或抑制对新知识或想法的探索和建构。进入一个新的环境——幼儿园或学校，一般需要接受社会群体对以下这些问题的看法：知识与儿童所处世界的联系，犯错的风险，对学习者的定位（自主型或跟随型），接受和探究新想法的热情，谈论这可能是什么的机会。

　　1996年出版的《新西兰早期教育课程框架》把有助于学习的心智倾向作为（儿童的）学习成果。到2007年末，受到经济合作与发展组织（the Organization for Economic Co-operation and Development，OECD）在相关领域的研究（Rychen and Salganik, 2001, 2003）的影响，新颁布的新西兰中小学国家课程也将"关键能力"（key competences）写进了课程。关键能力包括：思考和运用语言、符号和文本，自我管理，与他人相处，参与和贡献。课程对关键能力的定义指明它们是心智倾向性学习成果。

> 　　能力（competences）比技能（skills）更为复杂，它们还凭借知识、态度和价值观来引发行动。能力不是分离的或孤立的。它们是每个领域学习的关键。
>
> 　　这些能力随着时间的推移而不断发展，个体与人、环境、观念和事物间的互动影响它们的发展。在发展这些关键能力的过程中，学生需要在日益丰富和复杂的环境中接受挑战、得到支持。（Ministry of Education, 2007: 12）

　　小学老师们开始反思这些关键能力在学生身上会如何体现，他们可以如何培养和评价这些关键能力。罗丝·希普金斯（Rose Hipkins, 2009）谈到关键能力给学习成果和环境注入了新维度——元认知；培养乐于学习的倾向，让学生得以成为自己学习过程的专家；丰富的学习环境。她作了如下补充。

20 学习故事与早期教育：建构学习者的形象

> 在一段时间内，学生建构自己的学习故事。学生是能够练习、坚持以及克服障碍取得即时学习成就的人，评价就是帮助学生建构与这些学习者形象一致的故事。（p. 5）

罗丝建议，在探索培养心智倾向性学习成果的方法时，教师们需要重新思考那些他们所熟知的评价策略，考量更新的评价策略，如学习日志或日记、学习故事、学习成长档案和丰富多样的任务。伊冯老师在参与一个探究如何发展学生这些心智倾向性学习成果的科研课题时，写下了她的这些愿望。

> 探究这些关键经验如何在不给本已超负荷工作的教师额外增加工作量的前提下，与每天的教学实践融合在一起，并且得到评价。

在伊冯老师的教室里，学习成长档案或文件夹里收集的信息包括儿童在阅读、书写和数学学习方面的进步，也包括能够反映儿童关键经验学习和进步的学习故事。她的学生学习成长档案（有时被称为"文件夹"或"文档"）里有集体故事、个性化集体故事和个人故事。伊冯老师写的个人故事真实体现了关键经验的心智倾向，记录的常常是学习者自己选择参与的活动。例如，在一个学习故事里，伊冯老师记录了艾比（Abby）发起的一次扮演游戏。艾比扮演一个图书馆管理员，把书借给一小群愿意参与活动的儿童。伊冯老师写道："这是艾比第一次发起一个活动，并扮演了主导角色。"在读了这个故事后，艾比自己评论道："在我刚上小学的时候，我很害羞……（现在）我会举手……"另有一个个性化集体故事记录了全班被邀请去探究云朵的过程（故事名称《初露头角的研究员》）。在故事里，有一张艾比向全班汇报自己研究成果的照片，这张照片的标题就是《我用谷歌进行了搜索》。

我们收录了另外一个个人故事（见学习故事1.3）。在伊冯老师和学校其他教师的教室里，对学习故事的分析大多是通过多画面式分析法（Claxton, Chambers, Powell and Lucas, 2011: 92–96），对知识（在这个案例里指学校课程中的数学学科）和心智倾向（在这个案例里指学校课程中的"关键能力"——参与和贡献）进行解读。这个短短的学习故事包含了好几方面的内容。伊冯老师指出了这个故事所反映的课程所要求的具体学习成果，记录了阿比盖尔（Abagail）对她如何找到答案的详细描述——她用语言解释，用她的手指来演示。她还指出为什么这个事件很重要：阿比盖尔还从来没有这样解释过一

第一章 幼儿对自己作为学习者的认知：四大主题

件事情呢。对心智倾向性关键能力的分析包括点明她"敢于承担解释的风险"。在学习故事的最后，她提出阿比盖尔"把自己看作一个数学家"。

学习故事 1.3

说说你是怎么得出结果的？	
儿童：阿比盖尔 活动/主题：数学	日期：9月20日 教师：伊冯
具体学习成果 学习如何在解答10以内加减法问题时运用想象。	
数学课时，我们一直在练习借助材料（通常是手指）来进行10以内加减法。我们给孩子们介绍了想象，并鼓励他们说说他们是如何得出计算答案的。通常，他们会说，"答案在我脑子里"或是"我数出来的"。今天，阿比盖尔跟我们详细解释了她是如何得到自己的答案的。她解释着，并用她的手指演示。	
关键能力分析 阿比盖尔向我们展示了她对活动的参与和贡献：积极投入活动，并敢于承担解释自己的计算方法以及使用数学语言可能带来的风险。她把自己看作一个数学家。	**基本学习领域分析** 阿比盖尔开始运用想象，然后运用材料进行解释。这是一个突破，因为她还从来没有像这样解释过自己的想法。 **下一步** 继续拓展这个学习者这样的学习，保证这个技能能得到进一步发展，并把它运用到数数上。

本书各章概览

本书第一章介绍了与学习者自我身份认知相关的四大主题，以及与这些主题相对应的早期教育阶段建构学习者形象的四个过程。这些主题将会相互交织贯穿于本书中。这些主题为我们提供了一些理论上的假设，把我们引入

第二章的主题——为什么是故事。第二章将围绕"运用故事进行评价"这一观点进行阐述,包括:为了学习而评价的重要性,把评价实践当作叙事研究,学习故事的发展历程。接下来的四章分别聚焦于四大主题中的一个主题,分析叙事形式的评价能如何有助于这一主题的发展,并阐述在过去十年里,学习故事是如何回应以下需求和挑战的:对话(第三章)、联结(第四章)、识别(第五章)和占有(第六章)。在第七章中,我们视发展每一个主题为一项需要不断寻求平衡和优先对待的工作,以探索和发展能够实现全民教育利益的评价实践。

第二章
为什么是故事？

> **魔法盒 2.1**
>
> 当我开始围绕新的指标写学习故事后，我才意识到这些故事真正让我感到兴奋的是，通常我能在故事里对一个或一个以上的指标进行描绘。这样写学习故事的重要意义在于，我在不断发现作为教育者的自己，发现自我与自我的价值观、我的教学和我认为的有意义学习之间的联系。这有两层含义。首先，写学习故事的过程可以激发我们作为教育者的力量。它允许我们探究自己的价值观、态度和信念，并且审视我们的教学实践，评论我们教学实践的各个元素，思考我们所做的是否与我们所相信的价值观相辅相成。反过来说，它也允许我们去调整我们的教学实践。
>
> ——尼基（Nikki），一、二年级教师

尼基老师和伊冯老师（上一章中为阿比盖尔撰写学习故事的那位老师）参与的是同一个研究。她们在教学工作中都使用了学习故事这一评价方式。本章中的一些内容来自这一研究课题，当然也有来自其他课题的内容。这些研究都可以帮助我们论证将学习故事用于评价实践的可能性。接下来，我们将从三个方面展开讨论：为了促进学习而评价，评价实践即叙事研究，学习故事的发展。

为了促进学习而评价

英国伦敦大学国王学院的保罗·布莱克（Paul Black）和迪伦·威廉姆（Dylan William）对"为了促进学习而评价"所做的分析最为全面，他们的分析结果见《黑匣子里面：通过教室内的评价提高水准》（*Inside the black box: Raising standards through classroom assessment*，1998a）。布莱克和威廉姆（1998a）在文中对"为了促进学习而评价"作了以下阐述。

> "评价"一词，指的是所有教师和他们的学生参与评价他们自己的活动，这些活动为进一步调整他们参与的教和学活动提供信息。当这样的评价真的被用作调整教学活动的证据以满足学生需求的话，它们就成为"形成性评价"。（p. 2）

布莱克和威廉姆对 250 篇论文进行了细致的分析，这些论文都是与形成性评价有关的研究或对相关研究的分析。布莱克和威廉姆指出，他们分析过的所有研究都表明，"把加强形成性评价实践包含在内的改革能带来重大的而且常常是坚实的学习上的收获"（1998a: 3），而且，很多研究都显示"与其他人相比，改进以后的形成性评价实践对那些被称作差生的学生帮助更大"（1998a: 4）。他们的分析强调了"持续性专业发展课程和支持"对改进形成性评价实践的重要价值，"只有这种方式才能给教学和学习带来持久和根本的改进"（1998a: 15；又见 Black and William, 1998b）。

后来，威廉姆及其同事们（2004）与中学教师们一起探究如何把这些研究成果运用到实践中去。形成性评价在实践中有以下关键特征：提出问题（由教师和学生提出）、反馈、与学习者分享评价标准、自我评价，并在评价中加入家长、展示板和演讲（William, Lee, Harrison and Black, 2004: 54）等内容。在《在黑匣子里工作》（*Working Inside the Black Box*，Black, Harrison, Lee, Marshall and William, 2002）中，作者们研究了变化是怎么发生的。教师们更专注地倾听他们学生的心声，开始越来越能领会到学习是"学生主动建构他们自己的知识"（2002：15）的过程。作者们和学生们"开始从实例中理解怎样才算是出色的工作"，并且"把通常是隐性的东西变得清晰明确"（2002：

15）。他们引用了凯罗尔·杜维克（Carol Dweck）有关学习障碍的研究，把这些研究与教室文化联系在一起：当教室文化鼓励把参与焦点放在自我层面时，学生就会关注对自己的能力和表现的评估；当教室文化鼓励把参与焦点放在任务上时，学生就会关注需要完成的任务和改进需要付出的努力。布莱克和他的同事们（2002）指出："一般说来，把奖励或成绩作为反馈的话，会增加自我层面——而不是任务层面的参与……反馈的焦点放在需要完成的任务上的话，能让所有人相信他们是能够提高的。"（p. 19）

另两位学者哈里·托兰斯和约翰·普莱尔（Harry Torrance and John Pryor，1998）在研究用形成性评价来评价儿童这个课题时（参与该课题的儿童是英国5—7岁的小学生），也引用了杜维克和她的同事们的相关研究。他们指出，儿童正在发展他们自己对能力、努力以及优秀的标准这些概念的理解，把给予和拥有来自外界的奖励当作评价的形成性元素，但并不能支持儿童在这个方面的发展。

> 参与这个研究的儿童还很小（最大的七岁）。他们对于怎样才算是优秀的理解很有限，最起码，他们还无法充分区分困难、能力和努力。通过来自外界的奖励，简单地告诉他们做得好不好，也就意味着，他们没有被鼓励去思考评价的标准是什么，而这些标准是根据一定的原则制定出来的。（p. 105）

凯罗尔·杜维克2006年在她的著作《思维模式》（*Mindset*）中对喜欢接受挑战的儿童进行了描述："他们知道什么呢？他们知道，人的素质，如智力水平是能够通过不断努力而累积的。"（p. 4）他们愿意面对挑战，并且知道困惑、错误和坚持是这个积累过程的一部分。参与我们研究的教师也会在他们写的学习故事中引用理论文献中的内容，这样做的目的是将研究成果以及他们喜欢的学者们的论著与学习者可能的自我联系在一起。在第一章中，凯伦老师借用克莱斯顿（2004）关于"学习是可以学习的"的论述来描述凯娅的学习环境。在一个写给凯拉的学习故事中，梅丽莎（Melissa）老师重点提到了凯罗尔·杜维克有关成长型思维模式的研究（见学习故事2.1）。在她对学习进行分析的时候，梅丽莎老师就她们幼儿园孩子拓展和挑战自身思维的意愿进行了评述，在评述中引用了杜维克的观点。[①]

学习故事 2.1

成长型思维模式

撰写：梅丽莎　　8月

"所谓成长型思维模式，即人们相信他们最基本的能力是可以通过全身心投入和努力工作得到发展的，良好的天资只是一个好的起点而已。这种观念能够创造对学习的热爱、坚韧和适应能力，这些都是成功的最基本要素。事实上，所有伟大人物都拥有这些素质。"

——凯罗尔·杜维克（Carol Dweck，mindsetonline.com）

在我们幼儿园里有一个小木头人模型，它站在一个底座上。所有的小朋友在画小人的时候都可以参考这个小木头人。当我在收拾物品时，我把它移到了桌子上，凯拉对这个小木头人可以做什么非常感兴趣。另外几个小朋友也停下来听我们讨论，于是我开始给她们看小木头人的胳膊和腿可以如何根据要求摆出各种造型。我们谈论了身体的不同部位，可当我问大家是否愿意画一画时，所有人都离开了，除了凯拉。她迅速找到了一张纸和一支笔，自己一个人画着。凯拉很快就画了头、脖子、上身、下身、胳膊和腿。她画完这些后停了下来，再一次观察小木头人，然后决定还需要再画些什么形状。

过了一会儿，凯拉画完了第一个小人，她又接着画第二个。她画得还是那么专注。

---

① 凯罗尔·杜维克在动机和个性心理领域进行了多年研究。正如我们在本章中看到的，她的研究成果对教育和评价领域也有很大的影响。更多有关她的研究信息，可以在2006年出版的《思维模式》一书和2000年出版的《自我理论》（Self-theories）中找到。如果想更多地了解从社会文化理论视角对杜维克观点的解读，请参阅卡尔的相关著作（Carr，2001b）。

第二章　为什么是故事？　27

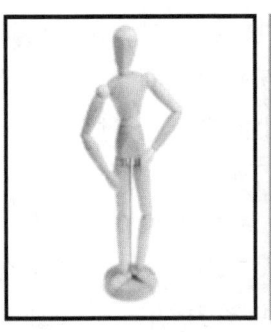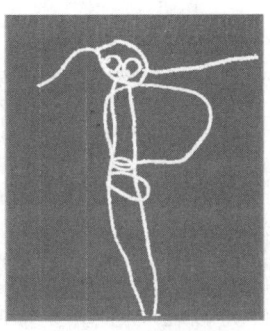

在凯拉身上发生了什么样的学习？

很长一段时间里，格林顿（Greerton）托幼中心的教师们对凯罗尔·杜维克的理论非常感兴趣。每天，我们都能从我们和孩子们做的事情中发现凯罗尔·杜维克所谓的成长型思维模式，也就是说，人们视他们的智力为知识和技能的不断扩展。

今天，我看到这种心智倾向在凯拉身上的体现。她很好奇地观察，对小木头人很感兴趣，为她在一个新的情境中学习提供了机会。我觉着这真是太棒了！而她想要学习的意愿，在其他孩子可能因为各种原因而没有接受新挑战的时候，显得更为可贵。她让我们看到，她是她自己学习的主人。在画小人的过程中，凯拉表现出了勇气、独立和特别棒的数学能力。我很感兴趣的是，这个学习过程还会将凯拉引向何方？她会不会继续研究怎么画小人呢？

在此之前两年，凯伦老师给凯拉也写过一个学习故事，是关于凯拉享受一场不期而至的大雨的故事。故事里摘抄了米哈里·希斯赞特米哈伊（Mihaly Csikszentmihalyi, 1996: 361）的一段话："好的科学家，就像是好的艺术家那样，必须让他们的头脑漫游嬉戏，不这样的话，他们将无法发现新的知识、新的关系。同时，他们必须有能力对他们遇到的每一个新奇现象进行批判性评估……"对这些学者和研究者观点的引用，加上教师们对儿童的学习的评述，共同勾画出了这家早期教育机构的理念，并将这些理念与某一个实践很明确地联系在一起。儿童的学习成长档案反映了凯拉所处的学习环境在目的和价值观层面的一贯连续性。它告诉家长和凯拉，学习者的哪些素质是非常重要的以及这些素质如何获得，需要哪些支持。

尼基老师和搭档苏西（Susie）老师一直鼓励自己班级里的小学生们能正确了解什么是优秀，并把它与关键能力联系在一起（见第一章）。在她们发展与关键能力相关的各项具体指标时,她们咨询了学生们,之后不久,这些指标被列入2007年颁布的新西兰的国家中小学课程中。在一、二年级混龄班中学习的一些5—6岁小学生们进行了头脑风暴,对"与他人相处"这个关键能力展开讨论,随后,他们列出了以下指标:用自己想要被他人对待的方式去对待别人;让别人加入;对帮助过你的人表示感谢;坐在新来的人旁边;倾听别人说话;带新来的人参观学校。儿童正在通过把这些预期的成果变成自己的认知来"占有"这些学习成果——正如第一章中沃茨所描述的那样。接着,尼基老师又去咨询了学校里的其他老师。在这个研究课题的结题报告中,尼基老师写了如下文字。

> 如果学校里的教师们能够列出反映他们学校、教师和儿童价值观的指标的话(在咨询社区中其他成员的基础上),这将是一个多么强有力的过程呀!(Carr, Peters, Davis, Bartlett, Bashford et al., 2008: 18)

魔法盒 2.2 中的学习故事是苏西老师写的,记录的是围绕关键能力"参与和贡献"进行的"头脑风暴"。紧接着是由这个活动引发的一个教学活动。

魔法盒 2.2

"参与"看上去是什么样子的?

撰写:苏西

今天,我们和孩子们就全校师生关心的"参与"这个话题展开了讨论。首先,我们讨论了"参与"这个词,在词典里查找这个词,然后问孩子们他们的理解、评论、实例或疑问(见头脑风暴图)。一些孩子说:"'参与'就是尝试新事物,试一下,加入活动,帮助他人等。"在快结束时,我们讨论了参与游戏时会有什么样的感受,这一学期将尝试的新事物。在这个讨论过程中,很多孩子开始真正使用"参与"这个词了。

分析:当孩子们在解读和理解我们围绕"参与"展开的讨论时,他们使用了与关键能力有关的语言。这些语言体现在孩子们讨论他们学了或发现了哪些和"参与"有关的内容时所提出的问题、评语和实例中。

下一步可能性：下周，我们会继续关注"参与"这个词，并且尝试一些他们不经常做的事情。

接下来的一周，我们班的孩子真的尝试了一些他们不经常参与的活动，孩子们又围绕他们参与这些活动时的感受展开了"头脑风暴"。针对这个活动，苏西又撰写了另外一个学习故事。

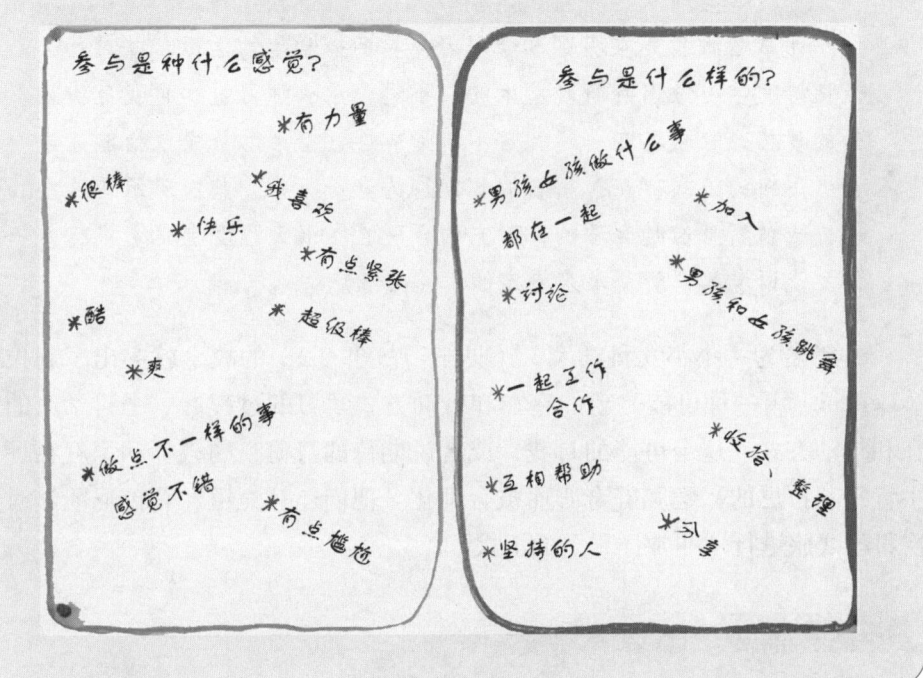

托莱斯和普莱尔将聚合性（convergent）和发散性（divergent）评价作了区分（Torrance and Pryor,1998：152–159）。聚合性评价主要由教师完成，以发现学习者是否知道、理解或能做一件预先设定的事情为起点。它的特征包括：有教师制订的清晰计划，并需要按照这个计划行事；使用检查表，对能做什么进行记录；教师提出封闭式的或虚拟—开放式的问题和任务。

发散性评价主要是通过教师和学生间的合作来实现，以发现学习者知道什么、理解什么或能做什么为起点。它的特征包括：融合各种选择的灵活或复杂的计划；形式开放的记录（叙事、引用等）；主要通过教师和学生主导的开放式问题和任务"支持"学习，而不是测试。

学习故事与早期教育：建构学习者的形象

聚合性评价和发散性评价的这些特征可以与第一章中提到的自适应技能的两个主要维度进行对接：发散性评价过程支持创新的或意图明确的学习过程，聚合性评价过程支持通过良好的练习达到学习效果的学习过程。约翰·普莱尔和芭芭拉·克罗苏阿尔（John Pryor and Barbara Crossouard，2008）在一篇论文中强调了自我身份认知。

> 形成性评价是在教师和学习者想要回应学生的学习，并对什么是良好的学习做出判断时发生的。不过，承认学习是和自我身份认知的建构紧紧联系在一起就暗示着形成性评价活动首先包括能让学习者用新的方式存在，用新的和期待的身份行事。其次，承认这些新方式和新身份是合理的，而它的合理性在很大程度上是由机构内的主流语境和评价需求来界定的。（p. 3）

一篇名为《小小女科学家》（见学习故事 2.2）的故事就突出了莉拉尼（Leilani）用一种可能是新的存在和行动方式学习的过程，一个科学家的存在和行动方式。这个可能的自我，或者说期待的身份，因教师和家庭在评价中肯定莉拉尼的兴趣和好奇心而被合理化。他们还补充道，莉拉尼能够对这次科学之旅进行"非常详尽"的汇报。

学习故事 2.2

小小女科学家

我们今天在活力科学真是度过了美好的一天。一开始，我们在教室里尝试做一些实验。然后，我们来到了互动区。莉拉尼，我注意到你很愿意参与做各种实验，你能够回答一些很难回答的都与沉浮、固体和液体有关的问题。当家长志愿者请你动手做实验时，你很仔细地按指示操作，并在和其他人分享前，先思考你观察到了什么。

这告诉了我什么？

这告诉我，你很主动地参与到你的学习中，你很愿意参加各项活动。你和其他孩子一起合作也很顺利。给我留下深刻印象的是你在学习中运用的强大思考能力，以及你用了"暂停和思考"这种头脑思维的习惯来帮助你自信地回答问题。真棒，莉拉尼！

第二章　为什么是故事？

下一步往哪里发展？

我能感觉到你对周围的世界充满好奇，你很愿意对它有更多的了解。你可能会在图书馆里找到一些你感兴趣的书。我们会在今年做更多与科学有关的主题和实验，我也很期待听到你再次分享你的高见。

莉拉尼的话：

"我在活力科学玩得很开心。"

莉拉尼家长的话：

莉拉尼有没有跟你们分享我们去科学活力的所见所闻呢？

"是的，莉拉尼跟我们很详细地分享了她在活力科学的所见所闻，她还跟所有来家里做客的客人们分享。莉拉尼很爱活力科学，我们每次路过那里或计划今天可以去哪里玩时，她总是要求去那里。莉拉尼对这个世界很好奇，很想知道事物是怎么运作的。"

2009年，新西兰教育部出台《新西兰学习评价指南》（Directions for Assessment in New Zealand），其中一章的标题为《有效的解读和决定》，部分相关内容如下。

> 当我们使用"有效"一词时，我们的意思是，描述性（成绩、等级、观察等）和指导性（下一步做什么）的解读和推断从结果来看是合理的。并不是测验、测验成绩或观察能证实什么，而是那些来自于测验、成绩或观察的决定和行动能证实其有效性。有效性取决于决策过程中两个部分的功能：如果描述性部分良好，但是指导性部分很差（换句话说，如果学生的表现得到了很准确的评判，但是相应的有关学习的后续决定却不恰当），或者反过来，评价都会缺乏有效性……我们关心的是，那些收集到的证据能在多大程度上支持某一个特定的解读或决定。从根本上看，很多解读和决定依赖的是有根据的专业判断，因此，我们越是能加强教师评价能力的话，教师用在加强学生评价能力上的力度也就越大，我们所期待的解读和后续行为就会越有效。（p. 33）

在本书中，我们想要强调的是第一章提出的建构学习者自我身份认知的四大主题带来的影响。这四个主题是：主体能动性和对话；跨越边界和建立联结；认识和重新认识学习的连续性；运用一系列日益复杂的方式"占有"知识和发展有助于学习的心智倾向。我们把这四个主题的影响放在学习者及其学习环境的"中间"。支持这些过程、使学习者能感到各种学习行动的可能性的周边因素（有学者称此为"启发网络"[①]）包括：教师、学生已有学习经验和期待、工具和材料（资源和在学生学习成长档案中体现出来的评价实践、测验、证书和图表）、教师和学生关系、一日常规和任务以及超越幼教机构或教室的更广大社群团体（家庭、社会和经济）。[②]一个评价实践可能承载也可能否定主动学习和对话的机会，可能大范围渗透，也可能是很小层面的渗透（为包容各种观点或其他社群团体提供空间，或进行压制）；可能促进也可能破坏对合理的长期学习路径进行识别，可能认可学习的复杂性并为之而欢呼，也可能仅仅关注特定和有限的学习。

[①] 在2008年出版的由帕米拉·莫斯（Pamela Moss）等编写的关于评价的著作中，詹姆斯·吉（James Gee）在第81页上写下了自己对"启发"（affordance）的定义：个体所处的任何环境都充满了启发。"知识和学习处在个体和环境的关系中间。"这个观点影响了吉的定义。"启发"一词（由Gibson, 1977, 1979提出；又见Norman 1988）用来描述被学习者意识到的那些由环境中的物体或特性引发的行动可能（action possibilities）……当然，对于一个意识不到它的个体来说，启发也就不存在了。即便是被意识到了，行动的人还必须有能将这个启发转变成一个真实有效行动的能力（Gee, 2008: 81）。

[②] 启发网络的这些方面类似于活动理论的四个层面：工具、分工、社区和规则。体现活动理论与评价间关系的实例可以在于尔耶·恩斯特龙、里维塔·恩斯特龙和阿尔加·松迪奥撰写的文章（Yrjö. Engeström, Ritva Engeström and Arja Suntio）中找到，这篇文章收录于高登·威尔斯（Gordon Wells）和盖·克莱斯顿（2002）编著的 Learning for life in 21st century 一书中。约翰·普莱尔和芭芭拉·克罗苏阿尔（John Pryor and Barbara Crossouard, 2008）也将活动理论运用到他们围绕"从社会文化视角将形成性评价理论化"这个课题展开的讨论中，他们视学习者和教师的身份认知为预期的成果。本书第四章的实例主要来自于奥克兰的一家幼儿园，在那个研究课题的结题报告中，我们也运用了活动理论来对启发网络进行描述（Ramsey, Breen, Sturm, Lee and Carr, 2006）。不过，活动理论中的一大关键内容就是这个网络中四大元素间的动态表现。在本书中，我们并没有对这部分内容进行详尽论述。但是，普莱尔和克罗苏阿尔（2008）对此进行了论述。例如，他们指出："教育者的不同身份——评价者、教师、学科专家和学习者，都包括对劳动和规则进行不同划分，都影响着他们和学生的互动。"（p. 10）他们认为这是对活动理论的另一种理解，因为它"让活动系统里那些经常被视为是相对稳定的部分变得不稳定了，如目标或成果在他们的活动系统里就成了学习对身份认知进行重新协商"。

评价实践即叙事研究（Assessment practice as narrative research）

布莱克等研究者对评价策略和心智倾向也有话要说。在一个为学会学习而评价（简称 LHTL）的研究中（Black, McCormick, James & Pedder, 2006），研究者们尝试了双任务系列法，以评价小学生学会学习能力的发展情况。他们在总结中提出（p.130），用质性的方式来评价可能更适宜，"另外一种比较好的方法可能是开发一套能在普通教室里识别学习发展情况的指标，可以让教师用于解读他们在不同环境中对学生学习所做的长期和连续的记录"。我们认为，这种在不同环境中所做的"连续的记录"就是一系列与学习有关的故事。故事《研究者》就是一份亚历克斯（Alex）学习学习策略的早期记录（见学习故事 2.3）。

学习故事 2.3

研究者

亚历克斯对水坑有着浓厚的兴趣，他能够像大侦探那样很快发现它们在哪里。

其实，亚历克斯不仅对水坑有着浓厚的研究兴趣，而且十分喜爱泥坑。他的研究要求他尽可能地靠近他感兴趣的东西。他利用可以拿到的任何资源来帮助他全面探究。他最重要的探究工具就是双手，他特别爱用双手在水坑里玩水。事实上，亚历克斯这样会弄湿自己，或者就像照片里那样，变成小泥人，可这些他都不在乎。亚历克斯的感官给了他很多有关水坑的信息，也就是通过这些，他发现了水的特性：水是湿的、滑的，很难拿住；当水和土混在一起时，它就会变成泥。给我的感觉是，亚历克斯认为很有必要对这些大自然的产物进行更多的研究！

《另一种评价：学习故事》（Carr, 2001a）摘录了艺术家和教育学者埃利奥特·艾斯纳（Elliot Eisner）的一段话，表明教师需通过多种情境了解

他们的学生，"短故事"能够为学生的学习成就描绘出更个性化、完整的图画等。

> 教师处在一个对学习进行解读的位置，解读的内容包括：学生提出问题的质量，他或她在答案中表达出的见解，他们做自己工作时表现出的投入程度，他们与其他学生间关系的质量，他们想象力的水平。这些内容和其他个性元素都是教师能够了解的素质特征。这些特征在教室生活中浮现出来时，应当成为理解学生在学什么和取得了多大进步的信息来源。
> 作为研究者，我们需要设计些东西，让教师能对这些特征进行系统关注。可能与在标准化学习成就测试试卷上评定一个 B+ 或 82 分相比，短故事能够为学生的学习成就勾画一幅更为完整的图画。
> （Eisner, 2000: 350-351）

艾斯纳强调了以下学习成果：有见解的答案，高度的投入，高质量的互动和想象力。这些学习成果是知识和心智倾向的复杂混合体。

教师是研究者，研究就是叙事

迅速增长的行动研究或实践者研究项目，反映了人们对教师研究者以及在日常的专业生活中教师作为研究者的价值的认识在提高。在这些行动研究和实践者的探究项目中，教师研究者和大学里的研究者一起对教育实践进行研究和理论提炼。科克伦–史密斯和唐奈（Cochran-Smith and Donnell, 2006）使用了"实践者的研究"这个词，即"一系列教育研究流派，在这些研究中，实践者是研究者，专业实践的环境就是研究场所，而实践自身就是研究的焦点"（p. 503）。根据我们的经验，教师参与实践者研究项目也能发展出理论。科克伦–史密斯和唐奈补充道："实践者们身处那些有权力去建构与教学和学习有关的知识的人之中。"（p. 508）我们同意这个观点。在论述通过行动研究进行改革时，达维德·格林伍德和莫滕·莱文作了如下评论（Davydd Greenwood and Morten Levin, 2008）。

> 行动研究的目的是在一个特定环境中通过民主的探究过程解决相关问题。在这个过程中,专业研究者们和当地的相关人员①合作,以寻找和发现可以解决对当地相关人员来说最重要的那些问题的方案。我们称这种研究为合作生成的研究……专业研究者经常将其他类似案例的相关知识和研究方法带入研究中,他或她通常都拥有组织此类研究的经验。而局内人则对手头的问题以及这些问题出现的环境有很全面和长期的了解,他们还知道能从谁那里以及如何得到更多的信息。(p. 72)

在一个我们参与的行动研究中,教师们常常会对他们做的观察做出反思,很多时候,他们会提到作为"局外人"的研究者向他们介绍的理论家,因为他们似乎对"面临的问题"也有话要说。在一个行动研究的反思部分,洛琳(Lorraine)老师补充了一些评论,这些评论的核心观点是,学习故事能够让教师"弄明白"实践背后那些普莱尔和克罗苏阿尔笔下的有关学习的"机构语言"(institutional discourses)。

> 我想,从我们幼儿园中不断增加的故事实例和反思中,我们越来越善于"弄明白"浸润在一个重视通过研究来发现意义和建构理论的文化中到底意味着什么。我们把权力转移到一个能让儿童在一个社会群体中掌控自己学习的地方已经有很长一段时间了。(洛琳,教师)

在对课程中的学习成果进行评论时,安迪·哈格里夫斯和肖恩·摩尔(Andy Hargreaves and Shawn Moore, 2000)很坚定地认为,当预期的成果很复杂时,需要给地方机构和教师很大的自行做决定的自由,"这些可能性包括在教师中培养更强大的共治能力,以及在教和学的过程中让学生和家长民主地融入"(p. 27)。这些评论也会让人联想到尼基老师和苏西老师在她们的一、二年级混龄的小学教室中所做的工作。一篇写于20世纪90年代的关于安大略省课程教授情况的研究论文中,作者列出了十个广义的学习目标,并作了这样一段评论:"教师让学习成果和学习过程变得真实,并与他们学生的生活相关,

---

① 在我们的研究中,这些人员就是教师。

其方法就是与他们的学生公开和明确地分享预期的学习成果。"（p. 37）我们看到尼基老师和苏西老师向她们的一、二年级小学生们了解他们对新的关键能力（当时还只是初稿）的理解，然后在她们撰写的学习故事中加入了学生们提出的相关想法。

杰恩·克莱德宁（Jean Clandinin）2007年出版的《叙事研究手册》（*Handbook of narrative inquiry*）的第一章从知识和认知的假设层面对（研究方法）"转向叙事化"进行了阐述，其中一个假设是"客观性"。"转向叙事化与'科学的'客观性的根本区别在于，（人们）认识到理解他人或他们的行动一直是一个与关系有关的过程，它最终掺杂着关爱、好奇、兴趣、热情和改变。"（Pinnegar and Daynes, 2007: 29）教室和早期教育机构都是复杂的地方。它们被描述为复杂又多元的环境，这个环境"呈现无数能让人用心参与但又比较模糊、不太明了的时机"（Perkins, Tishman, Ritchhart, Donis and Andreade, 2000: 270）。学习故事《超级作家》就呈现了多元化的解读声音：莫莉（Molly）致力于写出最好的故事，她喜欢写有关花朵的故事。家长对莫莉在家写纸条这个兴趣进行的评价，又为这个正在浮现的自我增加了一个新的维度（见学习故事2.4）。

学习故事 2.4

超级作家

每天早晨，第二教室里的孩子们会练习自己写故事。孩子们学习了如何正确写出句子。莫莉，我注意到星期三上午你写得有多认真。你非常忙碌，在正式下笔写故事前，你还画了一张计划图。

我很高兴你能自己写下三句不同的句子。你记得要用大写字母、句号和空格。你还读了自己的句子，确保这些句子是有意义的。能看到你学习如何拼写很多单词真是太棒了，你还开始利用单词卡片来帮助你寻找另外一些单词。做得好！你真是一个出色的作家！

这告诉了我什么？

这告诉我，你正在发展独立写作的能力。你能够在句子里清楚地表达自己的想法，将你的想法联系在一起，给读者提供很多信息（清晰，一种思维的习惯）。你的坚持性也很强，总是要确保自己的工作全部完成。

下一步去哪里？

很快地，你将不再需要计划图了，这样的话，你就能直接将自己的故事灵感写下来了。我很期待在这一年里读到很多你写的有趣故事。记得还要继续保持你在拼写单词时所做的各种努力哟！

莫莉的话：

"我喜欢尽力写出最好的故事，写美丽小花的故事。"

莫莉家长的话：

"莫莉经常在家里写一些可爱的小纸条。自己来，不求别人帮助，是她非常在行的事情。莫莉，你写的东西真是太美了！"

研究和故事

薇薇安·嘉辛·佩利（Vivian Gussin Paley）多年来撰写的有关幼儿教育的文章给我们两位作者以及与我们一起工作的教师带来了重要的启发。她的著作强有力地论证了故事在建构自我的过程中扮演的角色，以及故事在将学习理论与教学方法联系在一起时所起的作用。她记录儿童口述的故事，然后请儿童在活动的结尾部分表演故事。这些故事成了儿童与同伴、佩利老师交谈的主题。在她的著作《一个儿童的工作》（*A child's work*）中，她很清楚地表达了自己对学习的理解。

> 如果说入学准备是有意义的，那么它的意义首先需要在儿童的思想中寻找，在儿童自己的和他们同伴的、家庭的、老师的、书中的和电视中的思想中寻求，从游戏到故事，再从故事到更多的游戏里寻找。这时候，我就会请儿童贡献自己的故事，让这些故事在舞台①上鲜活生动起来，也就是在这样的舞台上，故事和分析性思维变得清晰。儿童和我做的是给土壤施肥，打开种子袋，准备好在我们的思想和身份花园里播种。（Paley, 2004: 11-12）

---

① 这个舞台指的是广义的舞台，不仅仅是指表演的舞台，生活和教室也可以是让儿童自己的故事得到发展和分享的舞台。——译者注

佩利把故事和接下来发生的事情联系了起来。儿童"让这些故事在舞台上鲜活生动起来",因此,游戏和分析性思维之间的联系就变得清晰了。在苏西老师和尼基老师班上的学生个人学习成长档案中,学生们讨论得出"尝试新的东西"可以作为关键能力"参与"的一个指标。佩利把分析性思维和讲故事的技能联系在一起,一项关于学习故事与数学发展间关系的研究(Perry, Dockett and Harly, 2007)支持了佩利的这个观点。

发展心理学领域有一些相关的研究。凯瑟琳·尼尔森(Katherine Nelson, 2000)等研究者认为,那些在家里讲故事、分享故事,如参与回顾已发生的活动的儿童,发展了有助于建构自我身份认知的个性化记忆。尼尔森说,有关儿童建构个性化记忆的研究"表明儿童通过与他人共同参与叙事经验这个媒介了解自己,并且建构自己的个人故事"(p. 192)。艾米·伯得和伊莲·瑞茜(Amy Bird and Elaine Reese, 2006)也对这方面的研究做出了贡献。她们研究了家长与儿童间以过去经验为主题的对话的特性,描绘了叙事和自我之间的联系可能存在的形态:①故事(以及能够发展出这些故事的对话)提供了一个评估的媒介,它传达了某一经验与个人的相关程度;②谈论过去发生的故事能够缓和"激烈"的情绪;③人称代词的使用意味着所讲的故事代表个人,与他人是相对的("我的"经验和"你的"不同);④成人能够帮助儿童解读故事。第三章中加入了教师—学习者对学习故事进行的讨论,显示以上研究成果也适用于家庭之外的幼儿教育机构中的儿童和教师。

伊莲·瑞茜(Elaine Reese)和她的同事们还将讲故事和阅读能力进行了联结。

> 我们的研究发现,在口头叙事能力中,最能预测阅读能力的一个方面就是叙事的质量。要注意的是,在过去进行的相似年龄儿童阅读能力的研究中,有时无法在口头叙事和阅读之间建立独特的联结,不过,这些研究仅关注故事的记忆,而不是故事的质量(如Roth, Speece and Cooper, 2002)。故事的记忆是口头叙事能力的一个重要指标,特别是在学前教育阶段……但是,到了小学阶段,叙事的质量也变得重要了。与我们两个研究中的阅读表现都相关的是叙事质量的一个特定方面——"定向"(orientations),它发掘

了儿童介绍人物的能力以及在自己的故事中提供时间性、因果性和方位性信息的能力。如果一个儿童在故事中使用定向性信息，那么就是在表现他们对于关键的环境因素和故事情节中因果—时间性关系的理解……在学校环境中进行的评价，很有可能在一定程度上抑制了儿童对故事的重述。（Reese, Suggate and Long, 2010: 641-642）

瑞茜和她的同事们最后的论述提醒我们，对于在小学中进行的活动需要注意一个事实，那就是"学校环境中进行的评价很有可能在一定程度上抑制了儿童对故事的重述"。在尼基老师和苏西老师的学校里，讲故事是一个很寻常的事情。魔法盒2.3中就收录了尼基老师的两个故事。

> **魔法盒2.3**
> **戴安娜"做从没有做过的事情"**
> **与工作坊有关的决定**
> 故事：请孩子们决定自己想要参加哪个工作坊时，戴安娜走到我面前，对我说："我选择了毛利语组，因为这是我以前从来没有做过的事情。"
> 分析：在这个故事发生前一周，戴安娜加入了和"参与"主题有关的工作坊。当时，孩子们提出的与参与有关的一个想法就是，去做你从来没有做过的事情。从今天这个故事可以看出，戴安娜在做决定时脑子里是想着这一点的。
> **第一次参加毛利语组**
> 故事（为四个儿童而写）：今天，我们组织了第一次毛利语活动。一开始，我们先唱了一首毛利语歌曲。我把单词写在了一张大纸上，我们练习唱出不同元音音节。当我们唱歌的时候，我画了一朵小小的云，用来提醒我们Aotearoa[①]这个词的意思。唱了一遍之后，戴安娜说："我们能够用纸和订书机做书，把我们的歌写在书里。我们能把图片和歌词的意思加在书里。我们就能够一起唱我们自己书里的歌了。"菲利克斯（Phoenix）补充道："这样我们在家里也能练习了。"我立刻拿来一张纸，把他们的想法记录下来。想法还在不断涌现……小组最后集体决定，去海边收集一些贝壳，用来装饰我们

[①] 毛利语，原意为长长的白云，也是新西兰这个国家的毛利语名字。——译者注

的歌本。有孩子一度提出，我们应该写下我们需要带去海边的东西。戴安娜说，我们可能需要带上暖和的衣服，如果我们在5:30看新闻的话，我们就可以知道天气会怎样了⋯⋯

分析：孩子们都特别投入地参与这个活动。孩子们对于这个主题有着很大的热情。他们自己发起了"头脑风暴"，想出了各种主意，并和他们过去的学习联系在了一起。尼基老师在学习故事中强调了"关键能力"，并且注意到这是发生在学习领域"语言学习"这个背景里的。

可能的下一步

去海边，做书，打印歌词。

学习故事的发展

学习故事可能被描述成一种身份参照式评价实践（Carr, 2005: 46），而不是一种常模参照式或标准参照式评价实践，我们在第一章的论述支持这一观点。当谈到评价强调的是"被激发了力量的学习者"这样一个长期愿景的时候，尼基老师对身份参照式评价进行了如下描述。

> 把关键能力和学习故事结合起来使用，我觉得很舒服，因为它们都让我能够捕捉学习自然发生的那一刻。关键能力超越了学习零散的技能，把我们引向一个更为宏大的情境，尊重价值观、态度和心智倾向，这些都能帮助我们在校内和校外成为被激发了力量的学习者。（尼基，教师）

学习故事随着《新西兰早期教育课程框架》的发展而发展，这些都在2001年出版的有关学习故事的第一本书（Carr, 2001a）中有所介绍。[①]1998年，

[①] 想要了解学习故事的早期发展历程以及学习故事发展初期的一些实例，请阅读2001年出版的学习故事专著（Carr, 2001a），以及由玛格丽特·卡尔、安·阿特利、温迪·李和凯伦·拉姆齐（Margaret Carr, Ann Hatherly, Wendy Lee and Karen Ramsey）撰写的文章 Te Whāriki and assessment: A case study of teacher change，收于纳托儿编写的 Weaving te whāriki 一书，还可以参考第一章注释里提到的收录于 Assessment matters 中的文章和《儿童学习评价实例》系列丛书。

第二章 为什么是故事？

当我们提出如何评价新课程中包括了心智倾向的预期学习成果这个研究问题时，教师们问："为什么不试试故事呢？"这就是那些和我们一起工作的幼儿教师用来和家长沟通儿童情况和进步的非正式方式。来自于五个不同类型幼儿教育机构的教师们尝试一种用故事来评价的方式：带注释的、突出了学习过程的学习事件，再加上下一步学习的建议。早期的故事结构是围绕着五类行动展开的，这五大类行动来自新西兰课程框架中的五大学习和发展线索：对某一事物感兴趣，能参与，遇到困难能坚持，与他人沟通和承担责任。这些行动被视为"冰山的尖角"，而"冰山的主体"则是新西兰课程框架中的学习和发展线索。早期的学习故事通常是手写的，也没有照片。那时，教师不太有机会使用电脑，数码相机也还没有普及。这里有一个早期的学习故事实例（见学习故事2.5）。

学习故事 2.5

乔治的故事

儿童：乔治

教师：乔

日期：7月20日

		实例或提示	一个学习故事
归属感	对某一事物感兴趣	对一个主题、活动或角色感兴趣；能识别熟悉的事物，享受不熟悉的事物，应对变化	乔治在假期里照顾幼儿园的小鸟。放假回来后，乔治觉得小鸟住的笼子有点小，很担心。我们觉得给小鸟再做个新笼子是一个好主意。乔治画了一张设计图，然后我们讨论了我们需要去买的做鸟笼子的材料。我们写下了购物清单，还用卷尺量出了每一根木头需要的长度。最后我们决定，鸟笼子的长为140cm，宽为60cm。我们还要一些用铁丝做的网子和做门的材料。
身心健康	参与	持续一段时间关注某一事情，有安全感，相信他人，会与他人和材料互动	
探究	遇到困难能坚持	设定和选择有难度的任务，当感觉"卡住"的时候，使用一系列策略解决问题	
沟通	表达想法和感受	用多种方式表达，例如口头语言、姿势、音乐、艺术、书写、使用数字和图案，讲故事	
贡献	承担责任	对他人、故事、想象中的活动做出回应，保证公平，自我评估，帮助他人，对活动有所贡献	

（续表）

短期回顾	下一步是什么？
数学概念：测量，数字 画设计图 开展一个长期项目 为小动物的安康担心 问题：我认为在这里发生了什么样的学习（如这个学习故事的要点是什么）？	买做鸟笼所要的材料，从下周开始制作。 问题：我们可以如何鼓励孩子探究这个兴趣点，发展能力、策略、心智倾向、故事，让它们 · 更复杂？ · 在其他学习领域和活动中有所体现？ 我们可以如何运用学习故事这个形式来鼓励孩子进一步探究？

信息技术革命给学习故事的表现形式和形成性评价带来了快速的改变。在1998年的有关评价的系列录像资料中，我们都因为宝丽来相机的出现而兴奋不已。在录像中，一位老师评论道："这也太即时了吧！"也就是五年左右的时间，教师开始利用新的技术在事件发生后更为及时地撰写学习故事，也开始尝试各种不同的形式和设计（Lee, Hatherly and Ramsey, 2002; Colbert, 2006）。

凯萨琳·莱斯曼（Catherine Reissman, 2008: 14）指出，在研究中向叙事化进行"转变"还有其他原因，那就是新技术的出现和视觉化文本的凸显。这些也都大大增加了进行叙事性评价的机会。年轻人进行的数字化故事叙述使叙述者流利地表达对自我的反思（Hull and Katz, 2006），而对于幼小的儿童来说，易于操作的数码照相给他们参与自我评价提供了新的方法：给自己拍照片、"看懂"评价和为活动后的回顾提供线索。这些新的信息技术让学习故事能够生动又快捷地记录那些总能表现早期教育环境特征的多元形态的路径和"启发网络"。照片和DVD能捕捉那些发展变化中的绘画、涂鸦、三维结构、姿势、戏剧、动作和数码影像。

教师朱莉（Julie）报告了一位母亲在把她孩子的DVD带回家后，再次来到幼教中心时的场景。那位妈妈笑着说："这个DVD我看了11遍。我现在看够了！"对于一个刚开始建构有开始、经过和结尾的故事的儿童来说，有序的照片和那些能回过来再次观看的活动视频都对他们有帮助。《家庭小厨师在行动》这个故事讲的是丽贝卡（Labeeqa）在幼儿园做番茄酱的故事，这些照片就是体现事件发展顺序的良好实例（见学习故事2.6）。一位家长写下了这段话。

嗨，今天丽贝卡在幼儿园里自己做番茄酱了。她特别兴奋，跟所有人都说了在幼儿园发生的事情。她还告诉我制作番茄酱的完整步骤和方法。我们非常高兴她对烹饪和她自己的菜谱很感兴趣。她告诉我：你需要番茄、柿子椒、醋和洋葱所有这些原料，然后你必须在灶上煮，然后你必须等它晾凉了，这样你才能品尝番茄酱。

丽贝卡把她今天在幼儿园做的番茄酱带回家，它真是太好吃了……我们都很喜欢。她选了一个大瓶子，给它做了标签，还配了画。我们对这个活动和其他你们帮助孩子发展自信心的活动都感到非常高兴。继续努力！在帮助我们的孩子成长方面，你们做得太好了！谢谢你们！

学习故事 2.6

家庭小厨师在行动

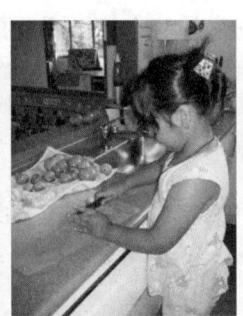

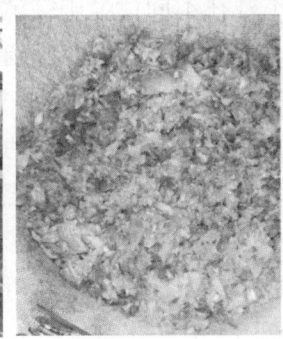

 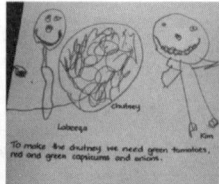  
 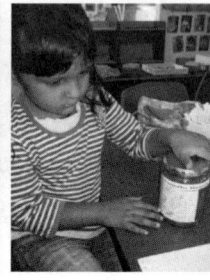 

结论

在分析了若干关于学习生涯（learning career）在社会和文化层面的复杂性的研究后，凯瑟琳·埃克尔斯通和约翰·普莱尔（Katherine Ecclestone and John Pryor, 2003）作了如下总结。

> 总的来说，这些研究提示人们，在儿童变成年轻人，然后在成年后成为"回归者"（returners）这个越来越漫长的正规的学习生涯中，不同的评价体系对学习者身份认知和心智倾向有着重大的影响。

戴安娜的系列学习故事，记录了她在不同情境中尝试"做以前从来没有做过的事情"，这些故事反映的是一套有意设计成能影响学习者身份认知和心智倾向的评价体系。另一个故事就是戴安娜的妈妈娜塔莉亚（Natalia）也决定要"尝试做新的事情"。在一次学校组织的露营活动中，戴安娜的妈妈考虑到学校对"参与"这个关键能力的关注，主动提出要成为孩子们画画的对象。她让六个非常有兴趣参与的孩子把她变成了一只彩色狐狸。教师们记录下了这一时刻，并总结道："祝贺你，娜塔莉亚，谢谢你用实际行动告诉我们什么是参与！"在本章的魔法盒 2.4 中就收录了戴安娜系列学习故事最后一篇。

魔法盒 2.4

尝试做新的事情

撰写：尼基

今天，戴安娜告诉我，她一直在思考"参与"这个词，并决定要在"制作东西，做些事情"时间选择尝试空手道。她说，她是她们班唯一一个参加这个工作坊的女孩子，但是她觉得这没有关系，因为她是在尝试做一些新的事情。

她说："我一开始有点怕其他班级的孩子，不过后来我就不怕了。我坚持去，我再也不紧张了。空手道班上还有一个女孩子，我记得她也参加了学校的露营。那时，我和我的妈妈在一起，而她在画脸谱。就是我们在我妈妈身上画画的那次。"

分析：戴安娜正在加深对"参与"这个词的理解。她是通过主动探究参与的意义来加深理解的。戴安娜敢于承担风险，她有很强的归属感，这让她可以相信她自己和他人，即使是在她感到很害怕和紧张的时候。

在小学一、二年级的混龄班中，尼基老师还会用其他方式体现故事的力量。和所有教师一样，她给儿童读故事，鼓励儿童自己去"占有"和理解故事。有一次，她读了一个名为《不断尝试》的故事（Jane Buxton, 2002），是一个男孩学习骑自行车的故事。有一个孩子在听故事的过程中，把学习骑车和自己学跳苏格兰舞的经验进行了如下比较。

尼基老师："……你可以看到，当他在学习骑车的时候，爸爸在帮助他。当你在学习新东西的时候，有人帮助你、指导你总是一件好事情。"

学生："这就是我在学习跳苏格兰舞时所需要的，因为苏格兰舞真的很难。如果你问我，我会说，如果我的苏格兰舞老师一直支持我的话，那么不久我就有可能在学校的舞台上给大家表演苏格兰高地舞了。"

这段对话描述了接下来四章中的部分主题，本章只是进行了简单介绍。尼基老师和这个苏格兰高地舞新手正在建构一个主动的学习者——她用热情来回应挑战，她有其他人的支持，她跨越不同边界建立不同情境间的联结，她想象着一种她很期待的身份，她还认识到通向她的目标所需要经历的一段旅程。尼基老师拥有一个能够将心智倾向和知识进行复杂混合的策略，那就是：讲故事。

第三章
主体能动性和对话

> **魔法盒 3.1**
>
> 赞布（Zeb）把鲨鱼带到幼儿园的那一天，他表现出的好奇心让我印象深刻。孩子们在探究这类生物时，与他人分享自己的想法和主意时……充满了浓厚兴趣。兴趣是会传染的，在某种意义上，好奇心又能让我们表现出自身最好的一面。
>
> ——杰奎（Jackie），教师

评价以及与评价相关的互动模式可能会鼓励学习者或令学习者气馁，可能加强或削弱学习者为自己的学习和评价承担一部分责任的勇气。在阐述"评价实践是发生在教室里的学习机会"这一观点时，詹姆斯·格林诺和梅丽莎·格里莎菲（James Greeno and Melissa Gresalfi, 2008）对教室里长期形成的相对稳定的互动和参与模式进行了论述。

在长期形成的活动环境中，例如在一个教室里，互动模式形成的方式能让不同的个体参与者感受到一定程度的稳定感。我们发现，迄今为止，"参与身份"（participatory identity, Holland et al., 1998）这个概念在我们研究一段时间内的参与模式时特别有帮助。身份的形成，正如我们所理解的那样，是一个双向的过程，是将个体带入到一次互动中的东西，是与一个特定活动环境中的资源以及因为这些资源而产生的机会之间相互作用的过程。

共享的互动或对话就是在互动或对话过程中所有参与者都能分享一定程度的主体能动性，这可能是非常少见的，就如同布拉奇福德（2010）在第一章中所指出的那样。可能在师幼间的对话中更是如此。因为在和教师对话时，儿童可能会很难理解对话的主题和意图（Tizard and Hughes, 1984; Carr, 2000）。参与学习智慧课题（Learning Wisdom）研究的教师们发现，学习故事能够成为一个大家共同拥有的工具，用以发展与学习、与共同感兴趣的话题有关的持续共享思维。在那些回顾以前写的学习故事已经成为常规教学行为的早期教育机构里，如果当事人也能参与讨论已经发生的事件那就更有意义了。故事里的照片给对话提供了一些线索。在和几个孩子共同回顾了他们的学习成长档案并讨论了其中所记录的学习后，普鲁老师（在第一章中出现过）对学习的语言和一些隐患作了如下反思。

> 我们注意到了孩子们语言方面的一些变化，我们经常在对话中会听到以下的词语：练习、学习、思考和动脑。这些变化在很短的时间内发生，我认为，这些变化要归功于我们这些教师对语言的关注和我们在使用语言时的慎重选择。不过，我也意识到我们需要支持语言本身，所以，我们会继续使用多种多样的语言，而不是将我们自己和孩子们都限制在一套可能会被过度使用、变得陈腐和有很大局限性的词汇中。

如果教师不能提供多种多样的与故事中行动相关的语言，可能会造成的一个后果是，某些很常用的词汇或词组就有可能成为口号，并因而丢失这些词语在特定语境中的某些意义。在学习智慧这个研究项目中，我们发现了一些能支持师幼间深度对话的有效策略，以及一些不那么有效的策略，这些策略在卡尔的其他著作（Carr, 2011）中有详细的论述。有效的分享式互动能支持主动学习的三个特征：识别兴趣和专长、共创学习、自我评价。在以上每一种特征中，学习故事可以通过几种不同的方式成为一种中介工具或"道具"①。学习故事能为学习者提供机会去回顾自己以主人公身份参与的学习，也为学习者提供机会去撰写和贡献自己的故事，并经常使用学习时所拍的照片作为故事的线索。学习故事还提供了教师给儿童写故事的机会。阅读这些故事时，教师就好像在跟儿童说话一样，有时又是对教师和儿童对话的直接记录，就像上一章中尼基老师为戴安娜撰写的有关空手道的故事那样。在本章中，我们会通过一些实例对上述观点进行说明。

儿童学习成长档案中的故事自身并不能承担教学的任务。这些故事必须与某种行动相联系。有时，"学生阅读、撰写自己的故事"就是这样一种行动：学生反思自己的学习，并用最佳的方式来描述它。《越野跑》就是这样一个故事（见学习故事3.1）。迈克尔（Michael）写道："我感觉我就要死了，因为我不能呼吸了。"这个故事的呈现形式也邀请学习者在"这对我未来的学习有什么意义"一栏中写下自己的评语。迈克尔补充道："就这样做吧！不劳则无获！上山的时候，再加把劲儿。"于是，教师补充了一条评论："按自己的能力调整步伐和节奏是很好的——你应该在其他情境中也这样做——比如数学测验。"在这个案例中，制订下一步计划是教师和学生合作完成的。

---

① 《新西兰早期教育课程框架》中的一个教育原则是"儿童在与他人、所处环境和事物之间建立的互动和互惠关系中学习"。布朗文·科威在寻找另外一个以P开头的单词时建议说，启发网络可以用"人、环境和道具"（people, places and props）来描述（私人交流，2011年2月）。这种表述和这一章的主题——创作（authoring）——吻合，其中暗含着用剧院来比喻的意味。布朗文对于一个"好"故事的定义是——"它有演员、场景、情节和烦恼"。在关于学习故事的另一本书（*Learning in the making*, Carr, Smith, Duncan, Jones, Lee and Marshall, 2010）中，我们引用了这种比喻。参与这个研究的儿童正在创作自己的学习脚本。这些有多面性的学习者所创作的脚本内容包括学习者做了什么，可能在想什么，还有哪些可以寻找的机会（pp. 196–197）。

学习故事 3.1

越野跑

姓名：迈克尔 活动/主题：越野跑			日期：3月31日 教师：斯汀普森老师（Mrs Stimpson）
儿童的目标		指标	我今天在极限越野跑中做到了个人最佳，在感到困难的时候我继续努力。我坚持完成了任务，没有放弃。
价值观　关键能力			
个人最佳	沟通者 使用语言、符号和文字	有效使用沟通工具 分享和做出回应 数学和文学 做出积极的贡献	我坚持不懈，很聪明地调整了自己的步调。 我感觉我就要死了，因为我不能呼吸了。 我很好地管理自己，早上吃了充满能量和纤维素的健康早餐。
诚实	坚韧的学习者 管理自己	独立 坚持完成任务 尝试新的事物 有自信	
好奇	思想者 思考	提出问题——寻找答案 批判性和创造性思维 组织和计划 从错误中学习	
尊重	有爱心的公民 与他人相处 参与和贡献	合作 参与和积极的贡献 尊重他人想法和信仰 承担责任	
这对我未来的学习有什么意义？ 就这样做吧！ 不劳则无获！ 上山的时候，再加把劲儿。			
校长评语 按自己的能力调整步调和节奏是很好的——你应该在其他情境中也这样做——比如数学测验。			

识别兴趣和专长

在20世纪90年代，美国芝加哥大学的米哈丽·希斯赞特米哈伊（Mihaly

Csikszentmihalyi）和他的学生们录下了他们与 91 位"杰出"人物的访谈，其中包括 14 位诺贝尔奖获得者。研究者对这些杰出人物的创造力尤其感兴趣。希斯赞特米哈伊（1996）认为"当这些人还没有什么成就的时候"，也就是在他们人生的初期，"他们似乎就已经开始投入到对他们周围的世界进行探究和发现的过程中了"（p. 158）。据此，他进一步论述了影响这些人创造性的早年经验。

> 这个观点表明，创造性的人生是被决定的，是被一个长远的愿望、强烈的想要成功的决心、要去理解这个世界、运用所有工具来解开这个宇宙的一些奥秘的愿望决定的……那么，强烈的决心和无法消除的好奇心从哪里来？可能这个问题太简单，以至于被很多人视为是无用的……确切了解这些种子到底从哪里来，可能不那么重要。重要的是，当兴趣被表现出来时，要去识别它、支持它，提供让它能够发展成创造性人生的机会。（p. 182）

在这里，我们收录了赞布的一个实例。他是一个四岁的孩子，开始表现出对鱼类的兴趣。赞布的案例来自于一个为期两年的有关学习智慧的行动研究项目，这个研究的一个焦点就是对学习进行回顾。支持赞布探究感兴趣的内容的"启发网络"（道具），包括有资质的教师、书、图片和网站、儿童学习活动的照片、学习故事和个人学习成长档案，还有鱼。几个星期来，教师和家长把鱼（好几种）和鱼身体的不同部位带进了教室，在幼儿园里专设了一个供孩子对鱼进行探究的桌子。孩子们被邀请来"认识"这些鱼。教师们注意、识别和回应儿童表现出来的兴趣，提出能帮助他们理解孩子想法和引发进一步探究的问题，并与孩子展开对话和讨论。教师拍照片，写学习故事，并坚持写反思日志。在这一章开始部分引用的教师评语就来自于教师的反思日志。魔法盒 3.2 摘录了教师和一个四岁孩子在回顾学习成长档案时的对话。

> **魔法盒 3.2**
>
> **赞布的学习成长档案引发了一次谈话**
>
> 　　这里摘录的是教师和赞布在回顾赞布的学习成长档案时进行的对话。赞布引领了对鱼的探究。在这次对话中,赞布对意义进行了建构,将在幼儿园获得的经验个性化了:在谈论到恐惧和危险时加入了情绪上的紧张感,并且与他记忆中的信息(有关鳄鱼的)建立联结。
>
> 　　赞布:我不想去摸,那个,那个牙齿,因为我们,因为我不知道死了的牙齿摸上去会是什么感觉……我碰了我自己的牙齿。
> 　　杰奎老师:噢。你没有摸鲨鱼的牙齿吗?
> 　　赞布:没有,因为我觉得它可能会咬人。
> 　　杰奎老师:可能会咬人?
> 　　赞布:是的,但是,小宝宝(鲨鱼)只会咬你,然后放你走。
> 　　杰奎老师:它们会吗?
> 　　赞布:不过,鳄鱼会咬人,但是它们不会放你走……因为,鳄鱼不知道它们应该做什么,它们会吃了孩子,它们不吃大人。

　　在另一次对话中(见魔法盒 3.3),赞布看了幻灯片里放的一些照片,然后口述了他想加入自己学习成长档案中的内容。

> **魔法盒 3.3**
>
> **赞布表达想加入自己学习成长档案中的内容时发生的对话(摘录)**
>
> 　　赞布:那是我的双髻鲨。那是在鲨鱼日,我们画了很多鲨鱼的图画,我画了一个正在喷发的火山,它喷到了海里,杀死了一条鲨鱼。火山灰掉到了海里,杀死了鲨鱼。
> 　　赞布:那是我穿着建筑师鲍伯的 T 恤衫碰鲨鱼。
> 　　赞布:嘿,那个叫什么来着?一个蓝鼻子,我妈妈很可笑,因为她认为它是蓝拟鲈……我对了……
> 　　赞布:……我不想拿起它,因为这里在流血,我只是想要碰光滑的部分,不是滴滴答答的部分。
> 　　赞布:我摸了眼睛,眼睛里流出的都是黑色的东西。我能感觉到那只眼睛是黏糊糊的。

> 赞布：我不知道鲷鱼是什么。什么是鲷鱼？（杰奎老师：鲷鱼，就是我们在图上找到的那个，不是吗？）
>
> 赞布：那是我的鱿鱼……这是三条章鱼。它们是我爸爸的，他会捉那些臭臭的东西，我不喜欢臭臭的东西（杰奎老师：但是你喜欢鱼）。是的，那是因为它们不臭。鱼不那么臭，但是鱿鱼真的很臭。当鱿鱼晾凉了以后就不那么臭了。（杰奎老师：当它们晾凉了？你觉得这是为什么呢？）因为我想它们还是很臭，所以太阳就帮我把它们晾凉了，因为它们真的太臭了，太臭了。
>
> 赞布：那很重。这是马林鱼。马林鱼是一种剑鱼。它们能杀人，因为它们刺穿你，刺透后背，有可能会杀死一些人。
>
> 赞布：（一张赞布举起一块大骨头的照片）我在试着把它举过头顶。
>
> 赞布：（一张放错位置的照片）这又是那条马林鱼……（杰奎老师：那是你在往里面看。你还记得里面有什么吗？）一个洞洞。血，我还摸了血。（杰奎老师：你摸了？）我永远也不想摸我自己的血。因为如果有人用（？）扎进我的肚子，我可能会死的。他们可能会摸我，一个人可能会（？）我，这不意味着我就死了。

在对话中，赞布的科学探究能力得到了发展。凯萨琳·艾伯巴赫和基斯·克罗雷（Catherine Eberbach and Keith Crowley，2009：39）提出："所有科学活动的根本，是专家式的观察，这是一种很复杂的行为，它需要协调运用学科知识、理论和注意的习惯。"[①] 在谈话过程中，赞布有可能在发展一些专

---

① 又见汤姆·赖斯（Tom Rice, 2010）。在一个非常不同的环境中，赖斯论述了本章中的两个观点：心智倾向和主体能动性。他引用了皮埃尔·布尔迪厄的研究，把关键的心智倾向描述为一个医生的"惯习"，论述了主体能动性是如何存在于学生医师和他们的听诊器中的。值得深思的是，对于有些儿童来说，一个学习者的标识存在于收录有他们学习故事的学习成长档案中，他们会把它们当作中介工具以建构人际关系。卡罗尔·哈特利（Carol Hartley）、帕特·罗杰斯（Pat Rogers）、杰玛·史密斯（Jemma Smith）、莎莉·彼得斯（Sally Peters）和玛格丽特·卡尔（Margaret Carr），认为五岁儿童高拉夫的学习成长档案在他进入小学第一年中启发他去与人沟通和建立人际关系。她们说，他"利用它（自己的学习成长档案）邀请其他孩子加入对话，分享他的想法和回忆以前的经验。……他利用它（自己的学习成长档案）向其他新入学的孩子介绍自己。很快，其他孩子也把自己的幼儿园书（学习成长档案）带到学校来"。

家式观察策略。在回顾照片时，在和教师一起讨论时，在使用图片作为信息来源时，赞布在识别、分类和了解鱼的特点，发展与鱼有关的知识。在一张照片中，赞布爬到了一张桌子上，用他的身体去测量马林鱼的长度。他的理论建构能力包括讲故事（有关后果的故事：鲨鱼和鳄鱼，喷发的火山和能杀死鲨鱼的火山灰）；比较（鱿鱼是臭的，鱼不臭）；以及他对"因为"这个词的使用——在谈话中说到因果关系时，他使用了十次"因为"。有时候，教师引导他去注意特定的内容——提醒他有一张图片可以提供信息，问他"你还记得里面有什么"。他也乐于承认他有不知道的东西（"什么是鲷鱼"）。赞布对照片进行的一些评论被收入到一篇与剑鱼有关的学习故事中，由伊冯老师（这家早期教育机构的另外一位老师）撰写。故事里提到，因为每个人都问了很多有关剑鱼的问题，孩子们和教师就一起在网上进行了搜索和研究。

2001年出版的有关学习故事的第一本书（Carr, 2001a）的第三章中，有关于人工制品（物件、语言、故事情节）、活动（社会或文化性的实践）或社会性群体的兴趣和专业知识的具体论述。在论述中，作者引用了苏珊·希迪、德烈亚斯·卡拉普和安·伦宁格安（Suzanne Hidi, Andreas Krapp and Ann Renninger, 1992）针对兴趣所做的早期研究。基斯·克罗雷和梅兰妮·雅各布斯（Keith Crowley and Melanie Jacobs, 2002）介绍了"专业知识供给岛"（islands of expertise）这个概念：专业知识供给岛就是那些能让儿童感兴趣、并能建构相对深入和丰富知识的主题。他们论述了家庭在识别和促进儿童兴趣中的作用，特别是通过参观博物馆来识别和促进兴趣，并指出："专业知识供给岛能成为让家庭成员践行学习习惯的平台，在这个平台上，家庭成员能围绕抽象的和常识性的想法、概念或机制展开对话，而这样的对话（参观博物馆时进行的）通常在一个家庭中会是首次出现。"（p. 334）同理，"专业知识供给岛"也能成为小学教室和早期教育机构中践行学习习惯和理论的平台。希斯赞特米哈伊（1996）也有过类似的论述。

> 对于事物是什么样的、它们是如何工作的这些话题，如果没有一定的好奇、猜想和兴趣的话，很难识别出哪个问题可能会让人感兴趣。对识别潜在的新奇事物有很大帮助的是对经验持开放态度，并让持续的关注经常推动环境中所发生事件的进程。每一个创造力强的人都不仅仅只是拥有这些特点而已。

学习故事 3.2

那么大那么大的鱼

撰写：伊冯　3月

赞布，就像我们在很多场合里看到的那样，你对最近在幼儿园里探究的各种鱼和海洋生物显示出浓厚的兴趣。今天，你有了一个新的机会，那就是近距离触摸、闻和探究一条超级大的马林剑鱼，这是塔林（Tarryn）的爸爸拿到幼儿园来的。

赞布，我觉得你几乎一直在桌子上探究——打开嘴巴，拿起尾巴，摸眼睛、鳃和鳍。你对巨大的鱼头和尾巴特别感兴趣。你很愿意加入集体讨论，并分享你的知识。你很迅速地就在我们的鱼类图片上找到了这种鱼。

它们能杀人，因为它们刺穿你，刺透后背，有可能会杀死一些人。

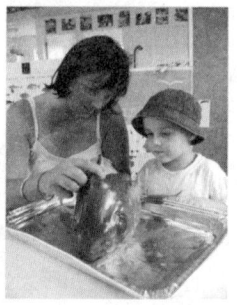

它快和我一样大了。

我能感觉到那个眼睛，是黏糊糊的。

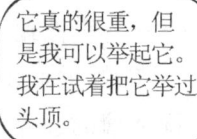

它真的很重，但是我可以举起它。我在试着把它举过头顶。

我知道马林鱼是剑鱼的一种。

每个人都问了很多问题，于是我们在网上搜索，做了一些研究。

我们发现，剑鱼可以游到110千米/小时。我们讨论了这种鱼可以游得多快。我们认为，它比高速路上的汽车还要快。你和卡森（Carson）还在辩论它是不是比警车快。

赞布，我们又一次看到，你真的是很享受对这条大鱼进行探究的过程。你完全投入到探究中，还是一群孩子的小领导，你们一起探究，一起发现你们感兴趣的有关鱼的内容。

今天我对赞布有了哪些新发现？

赞布，在最近几周里，我注意到，你对鱼非常感兴趣，你花很长的时间对幼儿园里有的各种鱼进行探索和研究。我想，你很喜欢今天的探究机会，对我们的课程起了很大推动作用，也分享了你的知识和经验。你喜欢和老师探讨大问题，也有很多观点要表达。我喜欢你对自己知识和能力的自信，你又是那么愿意和你身边的人分享你的知识和自信。

一个开放和渗透式的课程能鼓励这种专长的发展。布丽吉德·巴伦（Brigid Barron, 2006）对"兴趣和自我支持的学习是发展的催化剂"这个观点进行了论述。她用三个处于青春期的学习者的案例，从生态理论的视角进行了论证：不断推进的活动能激发和维持一个兴趣；一旦兴趣被激发了，人们会发展和创造学习机会，以进一步建构他们的知识，前提是，他们有学习的时间、自由和资源。

像克罗雷和雅各布斯（Cronley and Jacobs）所说的那样，巴伦也总结道，围绕兴趣展开的学习活动更有可能跨越边界，从一个环境转换到另一个环境中（见第四章）。一系列能把学习故事收入个性化学习成长档案的评价实践可以记录不断推进着的活动，这些评价实践提供了让兴趣持续下去的机会（如通过回顾学习事件），让学习跨越不同环境的边界，并为儿童不断增长的兴趣喝彩，而这些都能在很大程度促进不同专业知识供给岛间的发展和联结。在第五章中，我们把这些联结称为"重要事件链"。

共创学习（Co-authoring the learning）

在一个参与了幼小衔接研究项目的早期教育机构里，凯丽（Cree）在上小学前几个月与老师进行了一次对话。这段对话表明，在这个早期教育机构里，孩子们的想法是能够被认真对待的。这次对话发生在凯丽和杰玛（Jemma）老师一起看凯丽的学习成长档案时。在一篇名为《或者来点音乐》的学习故事里，杰玛老师记录了这次对话以及它的影响。

> 我们看了所有的故事，这些故事详细描述了她（凯丽）的学习。我（杰玛）问她还有没有她想要加入的其他内容。"我需要想一下。"思考了几分钟后她回答我，"我有一个主意。或者来点音乐？"我们讨论后，她说希望有一张CD，里面有她在幼儿园里最喜欢唱的歌曲。我建议说我们可以先拟定一张歌单。"但是，我又不会写字，我也看不懂，我怎么能做成这件事儿呢？"她说道，"我知道了。"她迅速地回答了自己提出的问题："我为什么不先听听这些歌，然后我告诉你哪些歌我喜欢，你再把它们写下来？"凯丽，这真是一个好主意，最后我们也真的这么做了。其他老师说她们要跟每一个孩子一起做同样的事。（Hartley, Rogers, Smith, Peters and Carr, 即将出版，第九章）

正如赞布的案例所显示的，照片常常会成为对话的焦点。在第一章中，我们收入了玛丽安老师有关"一段共享的知识建构历史"的评论，她还在反思日志里写道："在孩子们讲故事的过程中，他们一起参与撰写（学习）故事，问一些关键问题，这能帮助我捕捉孩子们的观点和他们的对话式思维。"在学习故事3.3中，艾玛（Emma）看着她自己搭积木的照片，逐字逐句口述了一个故事。

艾玛的叙述中能找到里斯、萨盖特和朗（Reese, Suggate and Lang, 2010, 见本书第二章）所说的叙事的一些特点：时间、因果和位置信息。艾玛的叙述中体现了时间信息：我一开始、但是不久我意识到、于是我、这让我想到。因果信息：但是不久我意识到，于是；火山爆发了，因为有太多汽车和道路了；地震让大地移动了，这就是为什么汽车都被弄坏了。位置信息：

书里的火山看上去像真的一样。在我搭火山的时候提供了不少点子。杰罗姆·布鲁纳（2002：34）也对叙事的一些特点进行了概括。他引用肯尼斯·博克（Kenneth Burke，1945）的观点，认为一个（虚构的或真实的）故事至少需要"一个作用物，在一个易于识别的环境中，做出一个行动，使用一定的工具，以完成一个目标。推动这个故事的，是这五者中一些元素间的冲突——混乱"。艾玛的故事中可能有两个作用物：作为建造者的她和火山。是火山制造了戏剧性和混乱（"当火山爆发的时候，有些积木倒了。它就这样爆发了""我的火山在喷发的时候会地震"）。布鲁纳说："在过去一二十年里，人们对叙事的兴趣迅速增长，特别是故事这种形式对于我们形成现实和合理的概念拥有强大的影响力。"（2002：111）

学习故事 3.3

我的火山

撰写：玛丽安　　5 月 31 日

艾玛根据她搭积木的照片口述了一个故事。以下就是艾玛和玛丽安共同建构的一个故事，她们参考的（和启发她们的）是 10 张记录了一次积木搭建过程的照片。

我的积木很大。当火山爆发的时候，有些积木倒了。它就这样爆发了。珍妮特（Janet）帮助了我，因为她拿出了一本火山的书。阿瓦隆（Avalon）和露西（Lucy）也在搭这座火山。我一开始用了正方形积木，但是很快我想到火山应该是圆的，于是我把圆形积木放在最下面，然后把长积木放在圆形积木里面。我还在火山中间搭了高塔和道路。书里的火山看上去像真的一样，为我和阿瓦隆、露西在搭火山的时候带来不少启发。我的火山在喷发的时候会地震。火山爆发的时候，大地会移动，汽车和道路都被破坏了。

火山爆发是因为有太多的汽车和道路了。地震让大地移动了，这就是为什么汽车都被弄坏了。红色积木是火山里面的岩浆。

这里发生了什么样的学习？

艾玛主动参与建构自己对火山的想法和认知。我们最近去了当地的小山，这次远足和我们对小山的兴趣让小山变得更生动有趣了。艾玛分享了自己如何在山上找到火山石的经验。在今天搭积木的过程中，她又一次贡献了自己的已有知识和新建构的知识，因为她在搭建过程中想到了山和山周围道路和房子的形状。珍妮特老师提供了书中用图片形式呈现的事实和信息，帮助她建构自己的理论，艾玛也认为这些视觉性的事实和信息非常有帮助。艾玛显示了对火山的好奇，能自信地表达自己的想法、观点和理论。她还表现出了有助于学习的心智倾向，例如批判性和想象性思维，这在积木搭建的过程中和今天的故事复述中都能看到。

在论述合作是一种概念性的和心智倾向性的策略时，米莉莎·格里莎菲（Melissa Gresalfi, 2009）作了以下论述。

> 学生能够互相帮助，互相挑战，有能提供支持的小组，这些都能给所有学生创造可以深度参与和学习内容相关的活动的机会……特别是，这些行动允许学生在意义建构的过程中承担更多的责任……解释自己的想法并为之辩护，让学生越来越能够辨别机会，并在各种观点间建立联结。（pp. 262-263）

格里莎菲写道，一个促进式的环境是那种学生"被期待做出解释、也有义务和有权利进行解释的"（p. 363）环境。伊拉莉亚、伊莎贝拉和凯瑟琳（Ilaria, Isabella and Katharine）的学习故事（见学习故事3.4）来自英格兰北部，是一个集体搭建积木的故事。在故事中，伊莎贝拉的家长增加了这样一段评论："她能够解释她做了什么才让这个建筑变得更坚固了。"

60 学习故事与早期教育：建构学习者的形象

学习故事 3.4

伊拉莉亚、伊莎贝拉和凯瑟琳的学习故事

撰写：妮科拉（Nichola）

最近我们在读公园管理员珀西（Perty）的故事，你们决定要为森林动物们建一个家。我很开心地看着你们的树屋一点点扩展和变大。你们很仔细地思考，想要搭一个能让各种动物都住进去的家。你们在一起工作得特别默契，每个人负责搭建巨大树屋的一部分。你们还记得要在高处为猫头鹰搭一个它可以坐的地方。

你们精心选择积木，仔细搭建，以确保你们搭的树屋不会倒塌。

这里发生了什么样的学习？

伊拉莉亚、伊莎贝拉和凯瑟琳在一起工作特别棒，很耐心地一点点地搭建她们的建筑。

她们非常出色地使用描述性语言，也能够在她们的游戏中发展故事情节。

机会和可能性

伊拉莉亚、伊莎贝拉和凯瑟琳很喜欢公园管理员珀西的故事，在故事里了解不同动物住在哪里。

我们会继续探究森林动物居住的不同环境，并提供支持伊拉莉亚、伊莎贝拉和凯瑟琳创建不同环境的机会。

家长的评论

伊莎贝拉告诉我她很享受搭建家的过程，也能够解释她做了什么让这个建筑变得更坚固。

在第一章伊冯老师写的学习故事里，教师们期待阿比盖尔去解释——她也有权利进行解释，而赞布围绕科学进行的对话也说明了这一点。在重述的

过程中,赞布对"因为"这个词的使用就是一个进行解释和辩护的实例;艾玛的重述还包括向一个当时没有在场但对此话题感兴趣的人解释她的观点,并为之辩护——"我一开始用了正方形积木,但是不久我意识到火山应该是圆的,于是我把圆形积木放在最下面,然后把长积木放在圆形积木里面。""红色积木是岩浆。"她还认可了教师和其他两个孩子对她的帮助。和赞布一样,在另外一个早期教育机构里,火山是一个会带来烦恼的作用物——在艾玛的故事里,火山给汽车带来烦恼;在赞布的故事里,火山给鲨鱼带来了烦恼。对于艾玛来说,故事是从搭建积木开始的,而赞布的鲨鱼故事最初是在图画中开始的。与赞布的学习相似的是,一张图画也推动了故事的"绘画者、作者和出版者"的发展(见学习故事 3.5)。这个故事是由泰山(Thenusan)讲述的。这个学习故事是这样开始的:"今天,我看到泰山在绘画桌旁。他告诉我说,他在画一条蛇。一条蛇?真有意思。依基(Iggy)和康纳(Connor)也在绘画桌那里讨论如何设计他们的怪兽卡车。泰山听到了他们的讨论,也想在自己的图画上加上一辆怪兽卡车。我主动提出帮助泰山把他画的故事记录下来。"凯伦老师把作者(泰山)口述的故事记录了下来,然后一起把这个故事做成了一本书,把这本书在中午前的集体活动时间读给其他孩子听。在这个故事发生时,泰山来这个幼儿园有 18 个月了。在他刚来幼儿园的时候,他一点英语都不会说。

学习故事 3.5

绘画者、作者和出版者

撰写:凯伦　10 月 11 日

今天,我看到泰山在绘画桌旁。他告诉我说,他在画一条蛇。一条蛇?真有意思。依基和康纳也在绘画桌那里讨论如何设计他们的怪兽卡车。泰山听到了他们的讨论,也想在自己的图画上加上一辆怪兽卡车。

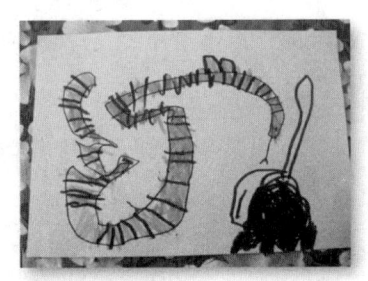

我主动提出帮助泰山把他画的故事记录下来。故事是这样的……

一条蛇在追一辆怪兽卡车。蛇跟着怪兽卡车。怪兽卡车开走了。蛇来到了路上。接下来,蛇来到了卡车开去的地方,抓住了卡车。蛇往上爬,蛇飞到了云上。蛇吃掉了怪兽卡车,卡车到了蛇的肚子里。蛇走不动了,一头老虎把蛇吃了。

后来一头狮子把蛇吃了。

长颈鹿在吃草。长颈鹿在喝水。斑马在吃草。斑马在喝水和吃泥。然后它喝泥水,它是从动物园里逃出来的。

有人在看电视,后来斑马在房间里跑来跑去。它会把房子弄坏的,房子真的就倒了。里面的人也摔倒了。

然后,斑马就要被送到动物园了。

蜘蛛在吃香蕉。然后,蜘蛛去喝水。然后,蜘蛛去找妈妈。然后,蜘蛛去找爸爸。太阳下山了,你不能再去那里了。

哇,这个故事真有趣!我建议泰山想想是不是把他的故事变成一本书,他也可以画画他的故事里的其他人物。泰山非常乐意继续他正在做的工作,并开始画下一页。

泰山不知道怎么画长颈鹿,于是我们来到了动物园区角,拿了一个长颈鹿玩具。泰山看着这个模型画长颈鹿。就这样,泰山画呀画,一直到画完他故事里所有的插画。

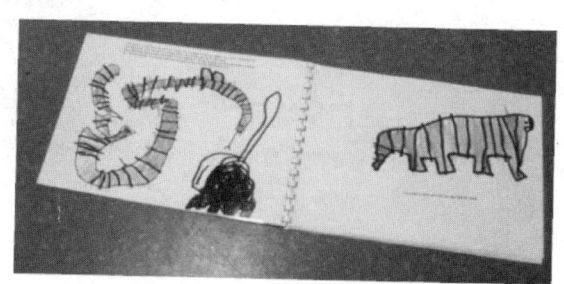

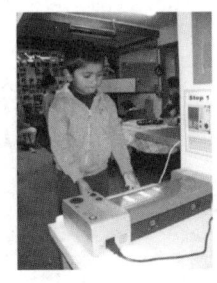 

我把泰山的故事内容打印出来（第一页上的词语太多了），泰山把所有的段落都贴在了适当的位置。现在，这些图片就要拿去塑封和装订了。泰山把所有页面都塑封了，然后在页面的一边打上洞，这样就可以用装订机装订了。

今天讲故事的时候，我们第一本读的就是泰山的书。泰山跟他所有的朋友分享了他的故事。

在泰山身上发生了什么样的学习？

泰山是非常有学习动力的主动学习者，他会给自己设定学习任务。泰山的画特别棒，很明显，他花了很长的时间完成这些画。他非常专注，一直坚持到所有的工作都完成了为止。我们注意到泰山说英语的能力越来越强了，他非常乐意分享和讲述他的想法和作品。今天，当泰山开始跟我讲述他自编的故事时，他也在发展他的想法，并由此创编出了一个情节更为复杂的故事。

当他把自己画的图画变成一本书的时候，泰山承担了绘图者、作者和出版人的角色。使用工具（塑封机和装订机）让泰山获得了有意义的早期读写学习经验。最后，我们在讲故事时间使用了泰山自制的故事书。是的，在泰山跟我们分享他的故事时，我们觉得他又是一位演讲者。

泰山知道文字的作用（记录和阅读），今天，我们就写下了他的想法。第一份文字记录材料是初稿，第二份记录是用电脑打印出来的。在讲故事的过程中，泰山发展了他的创造性思维，并逐步形成他自己的想法。

泰山在户外探索的热情，特别是爬树的热情，直接支持了他画画、讲故事和书写的过程。我们知道，为孩子多提供参与户外活动的机会是明智的教学实践，如攀爬、荡秋千和跑。"丛林幼儿园"为泰山提供很多探索的机会，在我看来，这直接影响了他在"普通"幼儿园里的学习。

这些是泰山自制故事书的一些页面。

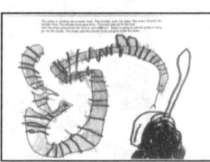

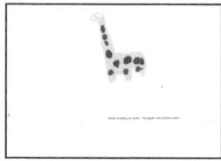

自我评价

因为我们越来越相信学习者发展自我评价的能力对长期学习有积极影响，所以，教师们开始寻找一些能让儿童参与叙事性评价，并使这种参与成为自我评价的一部分的各种方法：回顾照片和故事，撰写或口述故事，用像在跟学习者交谈那样的口吻写故事。托马斯（Thomas，与《越野跑》故事的主角迈克尔同班）写了一个他制作服装的故事。在"这对我未来的学习有什么意义？"一栏中，他写道："我学到了，从我犯的错误中学习是非常重要的。我不小心把自己一开始做的上衣袖子剪掉了，我只能再做一件了。当我在做第二件上衣的时候，我非常小心。我会继续尝试的。"家长手写了一段评论："从做好的衣服我们可以看到，这一组孩子一起合作得特别好。这些服装最适合用来讲述毛伊（Maui）和鱼的故事。"在魔法盒3.4中，较小年龄的学习者——扎克强调了他的新能力以及对观察到的事物的解释和想象在学习中的作用。

第三章 主体能动性和对话

魔法盒 3.4

在一个早期教育机构里，德尔文（Delwyn）老师正在和扎克一起回顾他的学习成长档案。他们谈论了扎克为一个道路游戏制作交通标志"STOP"的故事。扎克把这个故事和他以前对道路工人的观察联结起来，令德尔文老师发现他很"聪明"。

扎克：这是我画的！它的意思是"停"。（有一天道路游戏中用了扎克写的一个巨大的"STOP"。我们把它变成了一个标志。扎克是照着我写在一张小纸上的单词抄写的）

德尔文老师：你怎么学会写这些字母的？

扎克：我很聪明。我自己学的——因为我看见过一个道路工人在这样写，因此我想我也可以这样做。

来自英国的学习故事《一个天才》（见学习故事 3.6）是这样开始的。

托比（Toby），今天，我在点心桌这边，听到你在大声叫："我做到了，我做到了，我是一个天才！"我走过去，终于知道是什么让你这么兴奋了……我看到你很熟练地用螺丝刀移除电路板上小小的螺丝。我很惊讶于你使用工具的技能和力量，以及拆电脑的决心。

在这里，托比进行了自我评价。教师通过多画面式的分析，提醒托比他的技能和坚定决心。她评论道，托比可以"熟练使用真正的工具"。托比把自己形容成"动脑的天才和动手的天才"，这让人联想到赞布、艾玛和泰山，他们在讲故事前都是先画画或搭积木（这些动手动脑活动）的。

学习故事 3.6

一个天才

撰写：妮科拉　9 月

托比，今天，我在点心桌这边，听到你在大声叫："我做到了，我做到了，我是一个天才！"我走过去，终于知道是什么让你这么兴奋了。你手里拿着一把螺丝刀，正在把一个刚卸下来的螺丝放到瓶子里。我意识到，你正深深地沉浸在拆布朗太太（Mrs Brown）的旧电脑中，并已经工作了挺长一段时间了。我看到你很熟练地用螺丝刀移除电路板上小小的螺丝。我很惊讶于你使用工具的技能和力量，以及拆电脑的决心。托比，我记得我经常看到你翻转或旋转物件，我想到这可能是你的游戏中的一种规律或图式。你一直在练习和改进自己旋转物件的技能，托比，现在你已经是一个专家了！

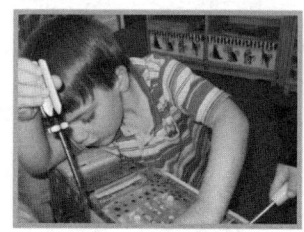  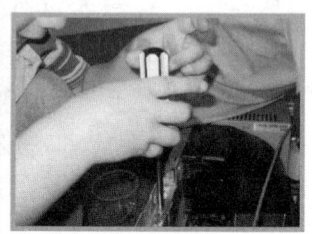

我告诉你我有多惊讶，你回答说："我是动脑的天才和动手的天才！"我同意，你一定是一个拆电脑天才。当我告诉班里其他孩子你的技能时，你解释道，你发现了布朗太太的电脑哪里坏了——一根联结线掉了——你还知道怎么修。你决定明天帮布朗太太把它修好。

今天我从托比身上学到些什么？

我今天从托比身上学到太多了！他高度的投入让我惊讶！我能看到专注、热情、复杂和满足，这些都让我意识到，托比参与的是深入的学习。"旋转"是托比一段时间以来一直在探究的东西，现在我能够看到托比大大改进了自己动手操作的技  能，他已经能够熟练使用真正的工具了。他理解了如何拧、转、拧上和卸下东西，并对"里面有什么"显示出浓厚的兴趣。托比为自己提出问题和解决问题。我还意识到托比逐渐获得自信，现在视自己为"天才"，一个准备好"尝试"并面对学习挑战的天才。

机会和可能性

我在想，爸爸妈妈有没有在家里注意到托比的新技能和自信呢？在家里，托比是个什么样的天才呢？我迫不及待想要再次加入托比的探究了，不知道他对"旋转"的探究会把我们引向哪里。没准我们可以用一些其他的工具，看看其他东西里面有什么？

拼图是一种可以提供自我反馈机会的玩具，让儿童能在不需要教师对他们的技能和决心表示赞赏或进行解释的情况下进行自我评价。安琪儿（Angel）的故事《我能行！》（见学习故事3.7）描述的就是她对另外一个孩子的帮助，以及她给自己增加挑战的方法：寻求越来越难的任务。这又是用一个个短故事来捕捉不断增加的挑战、经过三天努力取得成功的实例。《看我能做什么！》（见学习故事3.8）这个故事来自于阿德莱德的高里太太托幼中心（Lady Gowrie Centre in Adelaide），在这个故事里，操场上的器材提供了评价，而学习者提供的则是坚定的决心。

学习故事 3.7

我能行！

撰写：海伦

安琪儿，那天，当你和倪虎（Nehu）一起试着把这个海盗船拼图拼完的时候，你很兴奋地告诉我，你是如何帮助倪虎把拼图正确地拼在一起的。你一定认为这个大拼图是一个挑战，因为你为自己设定了一个目标，那就是自己把它拼完，你也是这么做的！

第二天，你请我把拼图拿出来，你又一次自己拼了。为了让它更具挑战性，你为自己设定了另外一个目标，那就是不参考盒子上的图片拼。又一次，你做到了！接下来的一天，你和我一起去库房，寻找更多的大拼图，为自己创设更多的挑战！

短期回顾

安琪儿，你真的很喜欢拼我们的大拼图，并在自己把它拼完后体会到了满足感。在这个过程中，你为自己设定目标，并成功达成了这些目标——安琪儿，你真棒！

68　学习故事与早期教育：建构学习者的形象

学习故事 3.8

看我能做什么！

亲爱的爸爸妈妈：

今天，吉特发现了爬的乐趣。吉特，你用你的双手和膝盖爬上斜坡。

看到你爬到了顶部，我真的是太惊讶了。当你爬到顶后，你决定要越过红色的架子，爬到另一边的斜坡上。

你伸开你的双手抓住红色架子，你不得不尝试好几次。保持平衡不太容易。

但是，你做到了！你往斯蒂芙和叶琳（Steph and Erin）那边看去，她们坐在附近为你喝彩！你很自豪！

接下来，你把一条腿挪过来，跨过红色架子。当你喊道"我的腿卡住了"时，斯蒂芙走过来坐到你身边，帮助你。

然后，你必须让另一条腿也跨过红色架子，放到板子上。斯蒂芙在你身后，跟你讲述你在爬的时候所做的动作。

当你的腿都跨过来后，你伸开双臂，把手放到板子上。你往后看斯蒂芙，请求帮助。你发现保持平衡真的有点难。

在斯蒂芙的帮助下，你终于把两只手都放到了板子上，并让自己的整个身体翻过了红色架子，到了另一边的斜坡上。

最后，你从另一边的斜坡上滑了下来，对着叶琳和斯蒂芙露出了笑容，就好像在说："看，我做到了！"

儿童学习与有价值的学习相关的语言,并使用这些语言。杰奎老师写了一个讲述两个孩子用胶带搭建一座黏糊糊大桥的故事(见学习故事 3.9),这个故事被放入这两个孩子的学习成长档案中。这个故事在两个地方进行了个性化处理。在本章中收入的是放入伊丽莎白(Elizabeth)学习成长档案中的版本。伊丽莎白向老师解释了她和露西(Lucy)是怎样一起工作的。她也提到了墙面上有关"合作"的展示,并问老师哪个标签代表了"一起工作"这个意思。老师记录道:"我说那个单词是合作,你就去告诉露西,你是在跟她合作。"很明显,这个词对于伊丽莎白来说有一定影响。她妈妈讲述了接下来发生的一个故事,这个故事与爷爷的担心有关——他觉得用六大卷透明胶带搭建一座大桥有点浪费。杰奎老师在故事中写道:"妈妈说,你告诉爷爷,'杰奎说,如果你是在与人合作进行创作的话,就不是浪费'。"

学习故事 3.9

搭建一座黏糊糊的大桥

撰写:杰奎　　11 月 25 日

今天,你和露西在手工区忙碌着。你们想出了一个特别棒的主意,那就是用透明胶带搭建一座大桥。你们花了很长的时间,非常专注地把你们的计划付诸行动。你们搭的大桥和我在一本有关大桥的书里看到的一幅图片越来越像了。于是,我就去把书拿给你们看。你们两个真是非常出色的工程师呀!

这个故事中,伊丽莎白有可能在学习什么呢?

伊丽莎白,你和露西的合作真默契,我非常欣赏你们互相分享想法和协商的方式。你还是一个令人尊敬的朋友,因为你很清楚地告诉大家,搭建这座大桥"一开始是露西的主意"。你有没有意识到,为了搭建这座大桥,你们在一起工作了两个半小时?你们的专注力太让我惊讶了!

当你跟我分享你们是如何搭建大桥的时候,你问我:"那个贴在我们教室墙上的单词怎么念?"我回答:"那个单词是'合作'。"于是,你就去告诉露西,你是在跟她合作。你真的很喜欢这些单词!我想告诉你一个秘密,我也很喜欢它们!

机会和可能性

你们为自己设置的挑战是超乎我想象的。我想,我只需要等待和观察,并准备着被你们的下一个不同凡响的创意所震撼!

家长的反馈

妈妈告诉我,你把这个故事带回家的那天,爷爷正好去你们家看望你们。他觉得你们用了六大卷透明胶带搭建一座大桥有点浪费。但是,妈妈说,你跟爷爷说:"杰奎说,如果你是在与人合作进行创作的话,就不是浪费。"你妈妈非常高兴你能说出这些话,并有能力为自己辩护!我也是!

结束语

在本章中,作为评价的一部分,一些体现主体能动性和对话的互动过程发生了:把学习成长档案用作共享式对话的催化剂(赞布);教其他人(我能做的);学习有关学习的语言(搭建一座黏糊糊的桥);口述一个故事,并把故事讲给全班孩子听(绘画者、作者和出版者);口述或重述一个被已有学习故事所启发的故事(赞布和艾玛)。莫斯(Pamela Moss,2008)论述了在评价实践中给予学习者一定的创作地位(authorship)与发展和地位有关的身份这两者之间的关系。她告诫说,学生会学习"用自己在接受评价时被赋予主体能动性的方式来行事"(p.239)。这一章里的迈克尔、赞布、艾玛、凯丽、伊莎贝拉、泰山、扎克、托比、安琪儿、吉特和露西接受的评价与早期教育机构每天的课程赋予他们主体能动性的方式是一致的:一种能够民主分享各自想法的主体能动性。

尼尔·默瑟(Neil Mercer,2002)研究了教师是如何把语言当作他们工作中的主要工具(p.143)的,他的结论与本章的一些讨论有很大联系。

我们的结论是，儿童教育经验的质量，深深地受到他们和教师间对话的影响。在这些对话里，教师赋予儿童在教室里所做事情一种连续性的意义（因此，活动就能被置身于与过往经验有关的历史环境中），以及一种易于理解的、有价值的目的。（p. 145）

关于对话在学习中的重要作用，默瑟写道："我们需要描述交互主体性是在教室的对话中进行的、得到维持或被丢失的那些方式。"（2008：38）默瑟和凯伦·利特尔顿（Mercer and Littleton，2007）对"交互主体性"还有话要说——他们认为教学和学习间的互动"是在集体中进行的活动，儿童和成人都参与到协商、争论、交换和分享信息、评判、决策以及对一个人的贡献进行评估中"（p. 22）。在本章的实例中，这种共享的互动过程在教师给儿童的学习拍照片时，为他们的学习成长档案写学习故事时，和他们一起回顾那些照片和故事时，倾听他们的观点并添加自己的观点时得以继续。默瑟及其同事们有关主体能动性和对话的观点在讨论家庭和教师间的互动时也适用，就像北安普敦郡绿笔幼儿园（Pen Green in Northampton Shire）的相关规定中所说明的那样（Whalley and the Pen Green Centre Team, 2001）。我们也将在第四章中看到，当有趣的学习故事跨越了早期教育机构、小学教室和家庭之间的边界时，它们就能够提供在另一个地方继续进行对话的机会。

第四章
在不同学习情境之间建立联结

> **魔法盒 4.1**
>
> 　　家人和朋友。是的。当爷爷生病住院的时候,他们会把它(学习成长档案)带给爷爷,给爷爷看他们在幼儿园里都做了什么。只要有人来,他们就喜欢给每一个人看:"看我在幼儿园里做的事情……"路易斯其实不喜欢看书,但是他会看他的学习成长档案,他开始读更多的书了,还想让我们给他读更多的书……我觉得,他以前在睡觉前从来不想听故事,他更愿意看 DVD 或者直接睡觉。但是,有了他的学习成长档案后,他更愿意看它,因为他知道故事说的是什么,因为他就在故事里。
>
> 　　——当问到学习成长档案在家里的使用情况时,两个孩子(四岁的科伦和三岁的路易斯)的妈妈这样评论

　　在第一章中,我们把评价视为"边界介质",我们还引用了温格(1998)的论点:身份认知就是"跨越边界,寻找在这个世界存在的方式,让我们能在处理重大问题时包容多元的、互相矛盾的观点"(pp. 274–275)。温格补充道:"这是我们生活的这个世界所需要的教育中最为关键的方面之一。"我们赞同这个观点。我们现在生活的这个世界,已经与我们以及我们的先辈生活的世界大不一样了。因此,在第一章中,我们讨论了在传承先人遗产时

需要加强横向联结这个话题。学习故事和学习成长档案本身就能跨越边界，相应的，学习故事和学习成长档案中的观点也能跨越边界。它们能引发教师和家长们围绕儿童的学习这个话题展开对话，也使儿童得以将在小学教室里或早期教育机构里的学习与他们在其他地方的生活（和自我）联结在一起，将早期教育机构和小学教室与更广阔的社区联结起来。

科伦（Kellen）跟小妹妹佩顿（Peyton）分享他的学习成长档案。佩顿在寻找所有有她和她爸爸的照片。

与家长谈论他们孩子的学习

在第一章中我们引用了哈迪的综合分析，他的结论是家长的期望对儿童学习的影响比家庭的其他结构性特征更大。正如我们在第三章中看到的，学习故事能为我们提供与儿童交谈所需要的有趣话题，以及与家长交谈的话题——常常与家长对孩子的期望有关。家庭和学校间的边界对儿童学习的影响是利兹·布鲁克（Liz Brooker）的著作《开始小学生活：儿童的学习文化》（*Starting School: Young children learning cultures*，2002）的重要主题，书中呈现了16个四岁的英格兰儿童在同一个学前班里开始他们小学生活的经历。布鲁克论述了家庭和学校间存在的边界效应。

边界的存在形式有很多种，它们的影响更容易累积：如果儿童因为存在某种形式的边界界限（例如儿童的信息从家庭到学校的转换）而处于弱势位置的话，他们在另外一些方面也更易处于弱势位置（例如家庭—学校阅读活动的次数）……儿童开始上小学后，如果他们与家庭的联系被切断的话，儿童就会较少有机会去发展（安全和互惠的）关系或完全融入学校气氛所需要的所有必要联结。（p. 163）

冈萨勒斯、莫尔和达曼蒂在2005年出版了《知识储备：在家庭、社区和教室中将实践提炼成理论》（Norma González, Luis Moll and Cathy Amanti, *Funds of knowledge: Theorizing practices in households, communities, and classrooms*）一书，书中呈现的一些研究项目论证的是如何让来自墨西哥裔美国家庭的知识在学校中看得见。为了研究家庭是如何形成、获得和分配知识的，研究人员在学校和家里进行观察，对家庭成员进行访问。所有研究项目都强调了家庭拥有的力量和资源。在新西兰，斯图亚特·麦克诺顿（Stuart McNaughton）研究了将多元化的家庭读写实践融入学校读写实践的方法（2002）。帕特·汤姆森（Pat Thomson, 2002）提出了"虚拟书包"（virtual school bags）的概念，她和克里斯蒂娜·霍尔（Thomson and Hall, 2008：89）论述道："儿童是背着装满了知识、经验和心智倾向的虚拟书包来到学校的。不过，学校只从某些儿童的书包里提取东西，（只从）那些和教育这个游戏所需要的东西相吻合的儿童的书包里提取东西。"

学习故事经常邀请家长写点什么，尽管有人会说有的家庭可能会因为对自己写作能力的不自信而不愿意写。不过以我们的经验，实际情况并不是这样的。在一个因为其"弱势"地位[①]而收到额外经费支持的幼教中心里，学习成长档案的三个特征好像是让这个幼儿园的家长能高度参与其中的原因：学习故事视儿童为有能力和有价值的；在故事中对家长——发出参与邀请；学习成长档案会被放在一个类似于"学校图书袋"的文件袋中让儿童定期带回家，这种做法和小学教师期待家长能和他们的孩子一起阅读故事相似。很多家庭因为家里有年长的孩子，所以对学校图书袋很熟悉。这些做法让家

---

① 在这里，"弱势"的指标包括失业率高、流动人口多、单亲家庭多和25岁以下人口多。

长有机会参与到围绕学习而展开的交谈中，也将这些学习成长档案从仅仅是"可以拿到的"东西，变成了"邀请你（参与）"的和"个性化"的东西（Clarkin-Phillips and Carr，即将出版）。每当学习成长档案被带回家的时候，教师们都会加入一张醒目的邀请函，邀请家庭成员们发表他们的看法。家庭成员们的回应方式多种多样，有的会写下发生在家里的一些相关经验，有的会是对幼儿园里发生的学习进行确认。在幼教中心存放学习成长档案的书柜旁边放一张舒适的沙发，这是在邀请家长和孩子一起回顾学习故事，也是在邀请家长发表看法。

> **魔法盒 4.2**
>
> **家长在孩子的幼儿园学习成长档案里写的评语**
>
> 恩露（Ngauru）的学习成长档案。八月。恩露很喜欢上幼儿园，她很棒。感谢所有老师。
>
> 第二年五月。恩露很喜欢把她的书（学习成长档案）给她所有家人看。恩露的学习经验给家人留下了深刻印象。谢谢。
>
> 安嘉（Ngakau）的学习成长档案。八月。这本书真是太棒了。我很高兴地看到我儿子在和其他孩子互动中学到了那么多。安嘉上幼儿园后的这几个月，我们全家都注意到他身上发生了很大的变化。谢谢。
>
> 第二年三月。在安嘉和我一起读这本书时，我很高兴看到我儿子那么兴奋和热情地跟我解释发生的事情。我看到安嘉上幼儿园以来成长了很多……他和其他孩子以及老师互动。谢谢卡吕尔（Caryll）、塔尼亚（Tania）和米歇尔（Michelle），谢谢你们为安嘉打开了一个全新的世界。他的书真是太美了。
>
> 凯尔文（Calvin）的学习成长档案。八月。"凯尔文，爸爸想告诉你，你的幼儿园书真是太棒了！很高兴看到你融入了集体中，和你的朋友们一起玩。""凯尔文，妈妈太喜欢和你一起看你的书，跟你一起说说照片里的人。在照片里看到你和你的朋友们真是太好了，因为你经常会跟我们说起和你一起玩的朋友们。"
>
> 第二年三月（凯尔文的评语）。"它看上去很漂亮，"爸爸是这么说我的书的。然后，妈妈拍了一张我们坐在床上读我的书的照片。

在论述"知识储备"这个概念是如何拒绝从"他们是有缺陷的"这个视角来看待社区和家庭时,汤姆森和霍尔补充道:"肯定家庭和社区里的实践能帮助学生建构积极的社会身份认知,也能让教师敏锐地觉察到规定好的课程是如何将一些学生排除在外而给予另一些学生特权的。"(Thomson and Hall, 2008: 88) 学习故事也拒绝从"他是有缺陷的"这个视角来看待儿童作为学习者的形象,在家里和在幼儿园都是如此。在卡吕尔(Caryll)、塔尼亚和米歇尔工作的幼儿园(见魔法盒 4.2),最新的学习故事会在靠近幼儿园入口的墙面上进行展示。将儿童在家里和在幼儿园里表现出来的能力和兴趣进行联结是这些墙面展示所要表达的一个主题。例如,在墙上展示的两个学习故事分别描述了乔治对割草机的兴趣和已有知识,以及他想要拥有一个割草机的愿望。教师找来了一张图片,乔治仔细查看了这张图片,于是老师在故事里写下了这样的文字:"我们仔细看了这张图片,你在思考怎样才能把(割草机)后面的收纳器固定住,于是我们讨论了是否需要一些夹子或一个特别的部件来固定住它。"老师还补充了一些如何支持乔治对这个感兴趣的内容进行探究的相关评论。

> 和你的讨论结束后,我一直在思考可以如何拓展你的这个兴趣。我想到了一个信息,那就是(当地)小学的 B 先生是骑着一个电动割草机割学校草坪的!乔治,你觉得我们是不是可以隔着篱笆呼唤 B 先生,问问他能不能让你看看他的割草机,没准他会同意让你在上面坐一坐,看看方向盘什么的。我们还可以问问 B 先生收纳器是怎么被固定在割草机上的。

《詹尼斯去北方旅行》讲的是她(詹尼斯,Janice)最近离开幼儿园去旅行的故事,故事里加上了一张地图。《杰登救了我们》的故事记录了杰登(Jayden)和他的妈妈讲的一个故事。当时杰登走到家里的厨房,突然大声喊道:"妈妈,妈妈,你的毛巾着火了!"教师们还会为孩子们准备幼小衔接档案,在学习故事里将早期教育课程中的学习和发展线索与小学的关键能力相比对;把档案中发生在入小学前的学习故事放入幼小衔接档案中,用叙事的方式呈现儿童所做的"入学准备"。

坚韧、适应性强的家庭拥有一些信念,这些信念让他们能够肯定和关注孩子的优势和可能性（Walsh, 1998）。学习故事的设计初衷就是想要强调（儿童正在）发展中的优势和可能性，用我们在第二章中引用的约翰·普莱尔和芭芭拉·克罗苏阿尔的话说，就是要让"学习者首先能够用新的方式存在，用新的和期待中的身份行事，然后再承认这些新方式和新身份是合理的"（Pryor and Crossouard, 2008: 3）。西拉杰等所做的长期跟踪课题 EPPE 的子课题研究了儿童是如何"冲破重重困难"并在学校中获得成功的。她们发现，成功的一个重要因素是相信努力能够带来改变，那些获得成功的儿童都有这种信念。

学习故事是具体的——用能被流传的方式来记录——它记录的是"智力"随着经验增加而得到不断增长的众多方式。[①]被教师和家长普遍接受的另一种观点是，发展就是简单地将天赋一一显露出来，这种观点会给早期教育带来困厄。脑科学研究给我们提供的信息很多是有关神经分化前的童年早期经验在早期倾向、期望和兴趣形成方面的作用的。2006 年出版的《剑桥学习科学手册》中有一章是约翰·布兰斯福德（John Bransford）、布丽吉德·巴伦（Brigid Barron）、罗伊·皮（Roy Pea）和其他学者对"神经分化前婴儿的学习"进行的论述。

---

① "具体化"这个概念，在讨论记录学习过程和成就时是很有用的。在教育学文献中，这个词至少有两种用法。安娜·斯法德（Anna Sfard, 2008）写道，这是一个将过程转变成名词的过程，在 *Learning in the making* 一书中，我们把三个心智倾向名词——互惠力、适应力和想象力转变成了动词，这样，我们就能够识别代表这三个名词的行动。和这本书的主题有很大联系的另一篇文章是安娜·斯法德和安娜·普鲁斯卡在 2005 年出版的 *Telling identities*: *In search of an analytical tool for investigating learning as a cultural activity*，在第 15 页上，她们介绍了她们的立场："长期的思考带领我们做出这样一个决定，那就是身份等同于个人故事。不，请不要误解：我们没有说，可以在故事找到身份的表达方式——我们说的是它们就是故事。"另一方面，温格（Wenger, 1998）所说的"具体化"，指的是通过识别我们的经验，把经验转换成一个具体的材料物品，例如记录文档，来赋予经验具体形式的过程。"这样的话，我们就能创造一些关注点，让围绕意义进行的探讨变得更有条理。"（p. 58）温格写道："参与和具体化的互补带来了一个明显但深刻的原则，那就是我们所付出的努力依托的是意义在一定程度上的连续性。"他还论述了对这些元素进行平衡的重要性。如果参与占优势（如果那些最重要的东西没有被具体化），那么，就有可能没有足够的材料来维系学习旅程和发现那些假设。如果具体化占优势（如果所有东西都被具体化了），那么，共享经验和互动式协商的机会就有可能是微乎其微的了。

第四章 在不同学习情境之间建立联结

有一个观点是毋庸置疑的——学习经验有助于塑造婴儿的大脑。大脑发展不仅仅是一个生物产品,更准确地说,是复杂的两者相互作用的过程。

在读了老师为她那个有多重残疾、异常虚弱的孩子写的学习故事后,家长做出了如下回应。

最微小的事情也能如此美好,这真是太不可思议了。读了凯恩(Kian)的故事,我真是太兴奋了,我为此特意出去买了一瓶红酒来庆祝。我无法告诉你,当有人跟你说你的孩子"能够"做什么而不是"不能"做什么时,这种感觉有多么的不可思议。老师们鼓励凯恩去沟通的过程真是太棒了,就因为了解了这些事情,我现在也开始用另一种视角去看凯恩了,也试着去和他交流了,而不再是对着他说话。

在阿什(Ash)所在的幼教中心里(见学习故事4.1),阿什的奶奶带来了发生在家里的一个学习故事。故事里的阿什在家里对给鞋子排序产生了兴趣,奶奶不知道这个兴趣有没有"跨越边界"——在幼教中心里也表现出来了。①

学习故事 4.1

这是谁干的?

撰写:奶奶　　乔斯林(Jocelyn)　　5月14日

我想你会喜欢这个故事……

昨晚,当我散完步回到家,欢迎我的是门口那些排列整齐的鞋子。"这是谁干的?"我问道。原来,是阿什,他被要求把自己的鞋子放好,于是,他就利用这个机会把门口所有的鞋子都排整齐了。我觉得,这可能是

---

① "儿童学习评价实例"丛书的第五本(评价和学习:社区)中有七个学习故事实例,这些实例都是关于早期教育机构与家庭和社区间联系的,而第三本中收入了八个体现"双文化"特点的故事。

80 学习故事与早期教育：建构学习者的形象

一种追求整齐有序的倾向。嗯……没准这和他不断增强的想要对物品进行配对和排队的倾向有关。在幼儿园里，他有没有也忙着做这些事情呢？

有些家庭在孩子的学习成长档案里添加照片，有时也会写一些发生在家里的学习故事。在柴郡（Cheshire）的一所小学里，佩吉（Paige）的家人送来了一些他们去海边的照片。教师请佩吉评论一下这些照片，并把佩吉的这些评论写进了学习故事（见魔法盒4.3）。

魔法盒 4.3

佩吉一家的海边旅行

在柴郡的一所小学里有这样一个学习故事。佩吉带来了一些她去海边时拍的照片，老师照下了她拿着这些照片的场景，并把佩吉对照片的评论写了下来。这些评论包括："我和妈妈一起做风筝，我先试了试，然后妈妈也尝试了一下。在车里我喝了一点水，然后我又回到车里吃了点东西，这些都发生在我在海水里泡完之后。""那是我和爸爸在搭沙子城堡。看他的帽子。""当我站在车子旁边时，它自己在那里飞。"（老师问。什么东西在飞？佩吉指了指系在杆子上的风筝）"这是螃蟹的壳，这是螃蟹的钳子。"（张开和合拢她的手指和拇指）

在把与家人在海边所拍的照片带到幼儿园的同时，佩吉在发展按顺序讲故事的能力，使用"然后"和"之后"，这是需要有很高的专注力才能做到的。照片支持了她的讲述。她还让老师把注意力放在一些对她来说很重要的特征上（爸爸的帽子），并使用手势来解释她所说的"钳子"的意思。老师提醒她解释一下某个对读者来说可能不太明白的故事内容（"什么东西在飞"）。

在皮茨莎亚（Peetshaya）的学习成长档案中，她的姐姐贡献了自己的看法。

她跟我分享她学校里做的所有事情。她把它们记在脑子里，我放学后一回到家，她就告诉我……晚上，睡觉前，她让我给她讲书里的故事。她让我拼一下她的名字，然后把它写下来，这真是太棒了。

将儿童在幼儿园里的学习与他们在其他地方的生活（和自我）联结在一起

儿童经常会在谈论学习的时候提到自己的家、家人和他们在家里获得的经验。玛丽安老师（在第一章和第三章中出现过）写道："杰克跟我们分享了很多他从家人那里听到的故事，于是这就有了真正意义上的联结……久而久之，通过他的分享（交谈），我逐渐认识了他家里的很多人。我逐渐了解他的兴趣和优势，还知道他喜欢回忆以前发生的事情，这些都让我们能够在不同的层面建构故事。"

《学习的心智倾向和早期教育社会性环境的创设》中有一章的主题是"讲述自己的故事"。其中，作者具体分析了参与研究的两个孩子亚辛（Yashin）和阿蕾琳（Aralynn）的家庭故事以及它们的重要性。

> 亚辛和老师在幼儿园里的对话为亚辛认识文化层面的自我提供了背景：新西兰之外的印度是他奶奶和整个大家族生活的国家，而他自己的家在新西兰。在这里，他接触到了新的语言——西班牙语、阿拉伯语、普通话……这是一个让他开阔视野、发现自己是一个世界公民的国家。不过，在学校里，亚辛在文化层面的自我被遗忘了……对于阿蕾琳来说，（与她的家庭有关的）故事在学校里得以延续，她所在的班级比亚辛所在班级的人数要少。她热爱园艺，了解很多园艺的知识，这些都来自于家庭中妈妈和祖父母的影响，而她对园艺这一学科的认知，也被融进了学校课程里。

在学校里，阿蕾琳抓住每一次机会，从家里带好玩的东西到校并在"新闻时间"跟大家分享。她班上的老师说："有的时候，她是（班里）唯一一个会费心带一些特别的东西或与自然科学有关的东西来，并在新闻时间分享的孩子……她真的能够紧扣主题。"融入了家人和家里发生事情的学习故事能把儿童多层面的形象汇集在一起，例如作为大家庭中的一员或一个园艺师。其他层面的形象在伊莎贝拉（Isabella）和德维亚（Devya）的学习成长档案中也有所呈现（见学习故事 4.2 和 4.3）：伊莎贝拉是一个孙女，一个珠宝设计师，一个作者；德维亚则是一个作者和一个拥有悠久历史的家庭中的一员。

学习故事 4.2

善良的举动

一大早,你刚踏进幼儿园,我跟你问好后问你:"我在想今天你会计划做些什么事儿呢,伊莎贝拉?"没有一点迟疑,你回答:"我要给我的奶奶做一条项链,她要去医院了。"

伊莎贝拉开始工作了。当她串完珠子后,我问她是不是需要把项链包装一下,然后做一张卡片一起当礼物送给奶奶。

伊莎贝拉很小心地包装项链,然后告诉我她想写在卡片上的留言,最后在卡片上加上她的名字、亲吻图案和美丽的插图。

伊莎贝拉问我要了一个信封和一张卡片。

 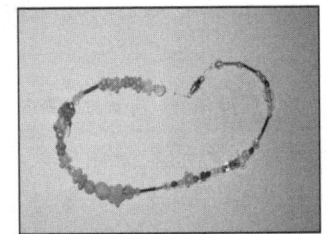 

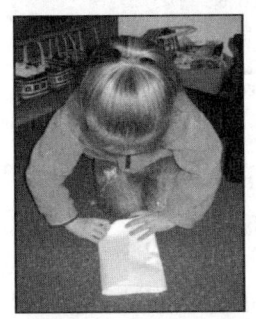  

亲爱的奶奶:
   你在医院里都好吗?我希望你在那里过得愉快,我希望你一切都好。我希望你的手术能成功。我希望当我去看望你的话,你会感到开心。
            非常爱你的伊莎贝拉

这是一份美好的礼物!

伊莎贝拉,什么样的学习在你身上发生了呢?

伊莎贝拉,今天你心里有一个很明确的计划,你很清楚地知道你想要做什么。你的善良和关爱,还有你为奶奶做礼物时的细致和周到都让我特别钦佩!

伊莎贝拉,你真是一个非常善良和关爱别人的人。今天,你就是一个很好的例子。在幼儿园,我经常能看到的你是一个善良的朋友,让其他人觉得自己很特别。你用的方式是让他们加入你的游戏,或者在他们遇到挑战时帮助他们。

善良,是一种心智倾向,我们认为它很重要。在我们幼儿园,任何善良的行动都会得到欣赏和庆祝。想象一下,如果有更多这样善良的行动出现的话,那将会给我们的世界带来多大的影响呀!伊莎贝拉,我知道你将会给我们带来很大的影响,我也相信你会把善良带到任何你踏足的地方。

爱你的凯伦

强化作为边界介质的学习成长档案:介绍教师,运用DVD

凯伦老师是伊莎贝拉和德维亚所在幼儿园的园长,她用图文并茂的形式介绍了自己,这份自我介绍被放在所有孩子的学习成长档案里面。当然,幼儿园其他两位老师和在办公室工作的老师的自我介绍也被放入其中。老师们认为,因为她们会请家长提供儿童的信息,以及他们在家里会做的事情,所以,在学习成长档案中加入老师们的信息也是适宜的,现在很多新西兰的早期教育机构都是这么做的。以下是凯伦老师的自我介绍。

我在奥克兰南部小镇怀乌库(Waiuku)长大。我在那里度过了童年时光。我的爸爸妈妈现在还居住在那里,我的弟弟杰森(Jason)现在住在珀斯(Perth)。我在18岁的时候离开家,到基督城(Christchurch)的师范学院上学。那是我第一次离开家。我一直都知道我想要去旅行……我去过很多国家:英国、希腊、埃及和土耳其……我从9岁开始玩无板篮球!①这张照片里有我奶奶和

---

① 在新西兰,无板篮球netball是非常受欢迎的女子体育项目,类似篮球,但没有篮板,且篮筐比普通篮球筐要小和低。——译者注

我，我14岁的时候赢得了一个无板篮球比赛的奖杯。我必须承认，我是《加冕街》①的粉丝，我甚至去参观了位于曼彻斯特的加冕街，不止去了一次，去了两次！……我很期待认识你和你的家人，倾听你的故事！这是我的故事。故事是非常伟大的——它们能把我们联系在一起。让我们开始讲故事吧！

孩子们很喜欢他们老师的那些老照片，而教师们的"简历"又给她们与新家长们的交谈提供了话题。孩子们的学习成长档案中还放入了DVD，孩子和家长们可以在家里观看。本章开始部分引用的评论就来自于科伦的妈妈，科伦就是凯伦老师幼儿园里的孩子。在访谈中，科伦妈妈补充道："他们总是喜欢看他们自己的DVD，而不是看《外星英雄》②或其他片子——他们宁愿看他们自己的DVD。"正如朱莉老师在第二章中分享的那样，在另一个幼教中心里，一位家长看了11遍她自己孩子的DVD。凯伦老师补充道，我们发现DVD为我们对学习的回顾添加了另一层维度。现在，一下子购进一大包DVD是相对比较经济实惠的做法。因此，每当孩子们有外出活动或在幼儿园里有一次集体的学习经历，所有的照片就可以复制到DVD上，有时还有视频短片。孩子们就可以把这些DVD带回家，有些孩子选择把DVD放到学习成长档案里，另外一些孩子把它们留在家里。这样做的话，孩子们就能用这些资料帮助他们回顾自己的经验。我们发现，这种做法真正强化了幼儿园和家庭以及儿童所在大家族之间的联系，让他们都能了解幼儿园里发生的事情。

强化作为边界介质的学习成长档案：纳入在家庭中使用的语言

法玛萨尼（Fa'amasani）是一个英语和萨摩亚语双语早期教育机构，教师们有时候会用英语写学习故事，有时候用萨摩亚语写。图努法衣（Tunufa'i）在新西兰和在萨摩亚的家人都很关注他的发展，他们最感兴趣的是图努法衣对家庭事件的记忆和他的萨摩亚语学习情况（这点对远在萨摩亚的家人来说

---

① Coronation Street，英国电视连续剧，从1960年开始播放。——译者注
② Ben 10，儿童喜爱的卡通片。——译者注

第四章　在不同学习情境之间建立联结

尤为重要）。在和露西（Lusi）老师一起阅读他的学习成长档案时，图努法衣看到了一张他最近回萨摩亚时拍的照片，说出了照片里所有人的名字。露西老师觉得他介绍这些人的顺序"听上去像在介绍家族树"。他还对旅行进行了描述，并用乐高积木搭了一架飞机用来代表他们所乘坐的那架飞机。一位家庭成员对图努法衣的学习成长档案发表了评论："图努法衣的记忆力真好。他能讲述他去过的地方的故事。我们从萨摩亚回来一周后，有一天我们一起吃晚饭，他开始谈论我们在萨摩亚的亲戚和他们做的一些事情。"她补充道，图努法衣的萨摩亚语水平给他们在萨摩亚的亲戚留下了深刻的印象，虽然图努法衣是在新西兰出生的孩子。在这一章里，还有一个实例也是来自这个英语—萨摩亚语双语幼儿园的——佩尼亚米诺搭了一座桥。

学习故事 4.3

写印地语

撰写：金姆（Kim）　　9月30日

今天，我注意到德维亚和他的奶奶一起坐在桌边。

我看到德维亚在纸上画了一些符号，听到他奶奶跟他说话，给他一些提示。

德维亚抬起头，给了我一个微笑，然后他奶奶告诉我他在写印地语。

我和他奶奶间的沟通是非常有限的，但是我还是了解到，德维亚的奶奶是一名印地语老师，她正在教德维亚写印地语。

德维亚很自豪地给我看他写的东西，我被他写的这些符号所吸引。

  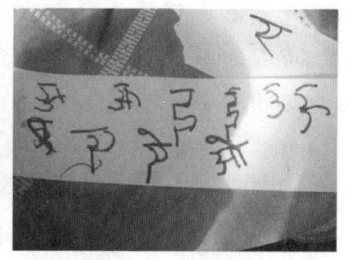

德维亚，你真聪明，你能够理解两种语言。我肯定是没有能力用另一种

语言来沟通的。我敢肯定，你会很快学好英语的。

一周后，在我记录下你写印地语这个故事后，你爷爷也来到幼儿园。我很高兴能和他交谈，这让我对你的家庭生活有了一点点了解。你的爷爷奶奶很为你自豪，你对于他们来说非常重要。

我们很欢迎他们来幼儿园，你的爷爷奶奶会愿意再来看我们吧。你的奶奶喜欢烹饪吗？没准她可以来幼儿园和你的朋友们一起做好吃的。你觉得这个主意怎么样呢？

在儿童学习评价实例丛书中收录了一个由家长贡献的故事，讲的是她儿子吉特（Jet）在浴缸里玩的故事。家长把这个故事翻译成自己家庭的主要语言即毛利语，并增加了一个毛利语词汇表，列出了她希望老师经常使用的一些毛利语词汇。家长鼓励老师在幼儿园里用毛利语和吉特交谈，并支持老师学习毛利语。孩子家庭使用的主要语言也被包含在学习故事4.4中。

学习故事 4.4

照顾他人

撰写：朱迪　　2010 年 2 月 18 日

今天，我们给孩子们做些家常的印度风味薄饼和咖喱饭，有咖喱羊肉、咖喱蔬菜、番茄酱……味道美极了！食物准备妥当，孩子们洗了手坐在院子的席子上，等着我们装盘。

克莱尔选了一盘咖喱羊肉饭后便坐在沙池旁台阶上吃了起来。

看到她吃饭的表情就知道她有多喜欢吃这饭了！

马威坐在克莱尔身后的露台上，但是什么也没吃。我们劝他吃一点，但他不感兴趣。就在大家都在享用咖喱美食时，克莱尔放下盘子，起身到桌前选了一盘咖喱饭端过去放到马威面前，然后她又回到座位上继续吃了起来！！你是这样一个细心善良的好姑娘，克莱尔。

克莱尔在这里学到了什么？

克莱尔表现出日益增长的与他人沟通和关爱他人的能力。她很快能注意到在大家享用美食时，马威是唯一什么也没吃的人。

克莱尔以这种方式确保马威受到关爱。做得好，克莱尔！

强化作为边界介质的学习成长档案：在故事里加入其他边界介质

就像儿童的母语能够在学习故事和学习成长档案中跨越家庭和学校的边界那样，对儿童来说非常重要的其他物件也是可以跨越这个边界的。在第一章中，我们引用了一段话，它论述的就是当来自家庭和其他地方的知识和心智倾向与早期教育机构里的知识和有助于学习的心智倾向相遇时是什么样的，"各种身份的混合和多元化的归属关系也就随之形成了"（Vandenbroeck, Roets and Snoeck, 2009: 211）。一个记录了各种事件的学习成长档案能够将这段旅程具体化，也能建构这段旅程：学习成长档案能把学习旅程变成一个对象，变成交谈时的话题，并随着学习方向的变化对学习旅程进行确认和重新识别。伊曼纽尔（Emmanuel）一家在离开了苏丹的一个难民营后来到新西兰。伊曼纽尔是在新西兰出生的，5个月大的时候，他来到了一所家庭式早期教育机构。这所家庭式早期教育机构通常会在给难民家庭中的爸爸妈妈上语言课时为他们的孩子提供照看和教育服务。罗宾老师是这所家庭式早期教育机构的教师（第一章里有她为西拉写的故事），在这一章，罗宾老师反思了伊曼纽尔参加这所家庭式早期教育机构第一年的情况。

> 我注意到伊曼纽尔的妈妈泰贝莎（Tabitha）会从篮子里拿一个动物玩具给他，然后用丁卡语（她们的母语）跟他说几句话，然后他似乎就愿意留在这里了。在这之前，我们绞尽了脑汁，因为他早上来园的时候情绪总是非常激烈，我们根本无法靠近他，语言也不通，我们一点办法也没有……当我发现泰贝莎的策略后，我开始利用他对动物的兴趣去靠近他，然后其他老师和孩子也都加入进来了。

这所家庭式早期教育机构的教师们准备了一个装有各种非洲动物玩具的篮子，伊曼纽尔经常把这个篮子带回家，带回家的还有记录了他和这些

88 学习故事与早期教育：建构学习者的形象

动物互动时发生的学习故事和收录这些故事的学习成长档案。这些"边界介质"帮助伊曼纽尔发展多元化的归属关系。那些动物以及他和动物玩的学习故事让教师、孩子和妈妈之间的三方交谈得以实现。魔法盒 4.4 中是罗宾老师的反思。

> **魔法盒 4.4**
>
> **罗宾老师对伊曼纽尔在家庭式幼教机构学习旅程的反思**
>
> **伊曼纽尔三岁的时候**
>
> 因为我们了解了他对动物的浓厚兴趣并对这个兴趣进行了回应，现在，伊曼纽尔允许所有的老师靠近他，其他孩子靠近他时，他也不会再抗拒了。这些动物玩具成了伊曼纽尔的了，他成了我们中心的动物专家……我跟他说的东西，他也能够明
>
>
>
> 白了。通过和他妈妈交谈，我知道他明白我说的话。他用母语告诉妈妈所有事情。比如，我有一次说他可以成为动物医生。第二天，他妈妈告诉我："伊曼纽尔不想成为动物医生，他想让大家知道他是动物的朋友。"他请妈妈告诉我这个信息。我喜欢这种三方交谈。这也提醒我，这就是来自家庭的知识储备，这些知识储备是可以在幼教中心里得到认可并融合进来的。他也开始探究其他感兴趣的事情了，但是总还是会一次次回到他最爱的动物身边。他让它们睡觉，给它们洗澡，带它们出去。
>
>
>
> 有一天，他在户外搭了一辆巴士，带长颈鹿去兜风。他每天都是坐巴士来这里的。有时候，他会把它们放在他那个特殊的小篮子里，带它们回家。他不想把它们留在幼教中心里。他把我们中心命名为"罗登的房子"。罗登是他给我取的丁卡语名字。他并不理解幼教中心这个概念，他总是说要到我的房子里来（这些信息都是在和他妈妈交谈时了解到的）……伊曼纽尔很喜欢回顾他的文件夹（里面有他的学习故事和照片），查看里面的动物。

伊曼纽尔三岁半的时候

伊曼纽尔直到今天还是对动物很感兴趣,不过,幼儿园在他眼里已经变大了。他第一次和我们一起去了图书馆,这是我们中心课程内容的一部分。你在照片上可以看到他和几个孩子坐在一起看书。他对故事很感兴趣。

他和一大群孩子坐在一起充满渴望地听了很多英语故事,而英语不是他的母语。他(现在)会和每个人说话,他给我们看他可以做的事情……他说英语的能力越来越强了。他能请求帮助,能把词组成句子,知道其他孩子的名字,结识了很多朋友。对于自己的选择,他越来越自信了。在吃早点的时候,他会搬着自己的小椅子,坐在他想要坐的小朋友身边。

伊曼纽尔四岁的时候

最近,有一位来自苏丹的女士(玛莎,Martha)来到我们中心做志愿者,这真是太棒了。她可以说伊曼纽尔的语言,这给他带来了巨大的鼓励。正是玛莎鼓励了伊曼纽尔去尝试用颜料画画。她告诉他事物应该是怎样的。我意识到,这种支持终于帮助伊曼纽尔深入理解了我们整个幼教中心……也许,在动物玩具的陪伴下,当伊曼纽尔在他和他的家庭生活中遇到其他令他恐惧的事情时,他已经有能力去理解这些恐惧了。

罗宾老师围绕主体能动性发表了评论,我们认为这些评论也与形成"混合的身份和多元化的归属关系"这个话题有关。"我们正在思考什么是主体能动性,想着(他需要)学习如何玩某个游戏。他已经会玩另外一个游戏了。"

(伊曼纽尔发现了)一种与人交往、建立友情和尽情玩耍的方式,这种方式在之前他只和动物互动时是无法体验到的。他还是会经常回到动物身边。那天他和我们一起玩,到了下午他很累了,但他还是花了一下午的时间给动物洗澡，用毛巾把它们擦干。整个下午他都在做这件事。这让我们思考主体能动性这个话题：学习如何玩游戏。其实，（他）知道另外一个游戏怎么玩。

在达勒姆[①]的一个托幼中心里，教师在5月5日、12日和18日分别写下了三个短故事。其中的两个故事被收入学习故事4.5中。这些故事描述了艾薇（Evie）在这个新的地方发展归属感的过程，故事名称《艾薇做好了准备》指的是她借助"过渡物品"——吉（Gee，一个毛绒玩具）、小毯子（她的毯子）和家里动物的照片——适应托幼中心新环境。5月初，她对哪些是要放到她书包里的、哪些是要拿在手里的做出了选择。5月18日，黛比（Debby）老师最后写下了这样的评语。

对于艾薇来说，下一步是什么？艾薇正在逐渐接纳幼儿园，接纳这里有可能成为她朋友的小朋友……我想，她现在正在了解他们每一个人！她正在想办法解决手里拿着吉怎么去玩这个问题。吉可以在哪里、什么时候加入游戏呢？我想，艾薇会找到令她自己满意的答案的。

学习故事 4.5

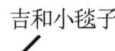
吉和小毯子

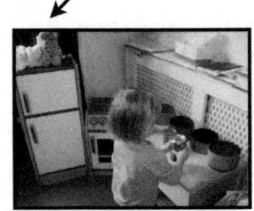

艾薇做好了准备

艾薇，当你和爸爸妈妈一起来看我们的时候，我们真是太高兴了！我知道你会是一个有个性的孩子，我也保证你不会失望的！

5月5日

当你来到幼儿园时，你是做好了充分准备的。你带着你的奶嘴、小毯子和吉。你很勇敢地和爸爸说"再见"，然后给了他一个大大的拥抱。在爸爸离开时，你流了一点点眼泪。当爸爸回过身来给你最后一个拥抱，还告诉你他会回来接你时，我们发现爸爸也是一

---

① 达勒姆（Durham），英格兰东北部城市。——译者注

个内心柔软的人……而且，他真的回来接你了，艾薇！

妈妈告诉我们，你喜欢和大孩子在一起，但是，因为这里所有的东西对你来说都是新鲜的，你很乐意探究这个新环境，了解东西都放在哪里，特别是为你的吉寻找一些来自丛林的朋友。你还为它开了一个茶话会。

5月12日

今天，你带来了一些墨菲（Murphy）和你的猫咪赤莉（Chilly）、缇莉（Tilly）的照片。这真是太酷了！你非常乐意给我们看你的新朋友，但是不愿意把它们贴在墙上……你当然不会愿意的，因为它们是你的小宠物。于是，你走到哪里都拿着它们，但是你开始觉得一直拿着它们有点麻烦！

你想帮助托比拼白雪公主拼图，但是无法决定要先把手里的哪个东西放下来。然后，我提醒你的书包在那里："让我们把所有东西放到书包里吧，这样你能背着书包拼完拼图了。""组织者艾薇"开始选择哪些东西可以放进书包，哪些需要拿在手里。你愿意把墨菲和小毯子放进书包里——午睡起床后，你已经开始把它们留在你的床上了，你的奶嘴也只是在这个时候出现——于是，吉和猫咪们留在你身边，不久，白雪公主拼图就拼完了。各方面都很棒！

将早期教育机构和教室与外面更广阔的社区联结起来

与广阔的社区建立联结，这样的学习故事可以由学习者、教师和家长发起。和图努法衣在同一个萨摩亚和英语双语早期教育机构的佩尼亚米诺的学习成长档案中有一篇学习故事，讲述的就是他把自己看到的一座桥的主要形状（三角形）和利用早期教育机构里的材料（彩色冰棍棒）再现这些形状的机会联结在一起的故事。故事的作者评论了自己与佩尼亚米诺的一次交谈（见学习故事4.6），她特别提到了佩尼亚米诺说萨摩亚语的能力和他对那座桥的记忆。

学习故事 4.6

佩尼亚米诺的大桥

6月23日

佩尼亚米诺和伊兰米亚（Ieremia）在用彩色的冰棍棒进行搭建。伊兰米亚在搭他的房子，而佩尼亚米诺说他在搭一座桥。"这是一艘船，从桥下过。"佩尼亚米诺说。

"这座桥真高呀。"老师说。

"我见过这座桥。"他说。

"你在哪里见过？"老师问。

佩尼回答说："在巴士上。我们在北岸的时候，坐在巴士上过桥的时候，在桥下面我看到海上有一艘船。"

尤乐思（Uelese）试图帮忙，但是佩尼亚米诺不太愿意。他就继续搭他的大桥。

分析

在搭建过程中，佩尼亚米诺很清楚地记得他们乘坐巴士旅行时看到的大桥是什么样的。其实，一开始他搭建的是房子，后来慢慢变成了大桥，和北岸上的那座大桥一样。搭建时也发生了很多对话，有关他搭建的形状、冰棍棒的颜色。他的萨摩亚词汇很丰富，他对大桥的样子和地点记得很清晰。

在2010年一篇题为《成长中的珍宝》的文章中，布兰达·苏塔（Brenda Soutar）和自由儿童毛利语早期教育机构的成员们（the Mana Tamariki whanau）写道，自由儿童毛利语早期教育机构参与的创新型研究项目是建立在以下基础上的。

> 儿童是珍宝——儿童是有很高成就的人，人们的希望和理想在他们身上体现。……我们研究的问题是"我们能够如何加强毛利语、珍宝般的儿童、家庭和 Paki Ako①之间的交互关系"…… 我们用 Paki Ako 一词来解释在我们的毛利语早期教育机构里用来记录和评价学习的方式。自由儿童毛利语早期教育机构把 Paki Ako 作为学习故事的改编版本。（p. 38）

这本书中收入了三个学习故事的实例。本章中有一个实例，还有两个实例是在建造一个神圣花园的过程中撰写的——是在研究进行的过程中发起的建造项目，并在一位智慧的长者米尔罗伊教授（Professor Te Wharehuia Milroy）的引导和支持下进行的。故事《筹集善款》（Te Kohikohi Putea/Fundraising）以一句格言开始："把你的篮子和我的篮子放在一起，就能满足所有人的需要了。"2010 年 9 月和 2011 年 2 月，新西兰南岛的主要城市基督城经历了两次大地震，人们忍受着城市被破坏、生活艰难和失去亲人的苦痛。自由儿童毛利语早期教育机构这个大家庭中的成员们——教师、儿童和家长们决定到自己所居住城市（在新西兰的北岛）的市中心去筹款，"这是一种我们向基督城许多受到地震影响的家庭表达慰问和爱的方式"。这个集体的学习故事（见学习故事 4.7）描述的是大家用传统的方式来表达爱和关切的故事，大家表演了 haka②和歌曲。这家毛利语早期教育机构对评价进行的探究旅程在 Te Whatu Pokeka（Ministry of Education, 2009a: 80）③一书中进行了介绍，书中还收录了许多评价实例，教师们也在书中写了如下文字。

> 我们知道我们不能够"掌握"评价。从毛利人世界观看，这个过程是在不断生成的，我们的理解也是经常在发展变化的。每一篇学习故事都能实现众多的目的，这种认知让我们大吃一惊。一个学习故事成了一个评价我们所有人的学习和教学的东西，一份语言学

---

① 这是原文中用词，毛利语，是这所毛利语早期教育机构的教师们用来特指"学习故事"的词汇。
② 毛利文化中一种传统的表现勇猛特点的庆典舞蹈。——译者注
③ 毛利语版本的儿童学习评价实例，独立成书，不是英语版儿童学习评价实例丛书的翻译版本。——译者注

习材料,一份历史记录,一个计划工具,一份报告,一份第三方评估机构所需要的证据——它的用途不胜枚举。

学习故事 4.7

筹集善款

"把你的篮子和我的篮子放在一起,就能满足所有人的需要了。"

　　我们决定去市中心唱歌,这是一种我们向基督城许多受到地震影响的家庭表达慰问和爱的方式。我们希望我们在街头卖艺这种努力可以筹集到一些善款,然后一起加入全国人民募集的善款中。

　　2011年3月3日,我们就来到了市中心的大商场表演haka和歌曲。那一天天气很好,太阳晒着我们,暖洋洋的。我们真是幸运呀。谢谢!拉何奎(Rahikoi),你和拉卡(Rakei)举着宣传画,向过路人解释我们为什么会在这里表演。你们两个一起工作,非常出色。看着你们站在那里,那么高贵,我很骄傲,这也是为什么我会说你们做到了,做得很出色!你们实现了你们的目标——一共筹集到了719新币。这真是太棒了!你们每一个人都勇敢地面对了这个挑战。每个人都是那么高兴和兴奋!

　　在凯伦老师的幼儿园中,德维亚的学习成长档案里有一篇学习故事是他上幼儿园第一天写的。故事的名字是《欢迎来到幼儿园》。故事里有他在沙坑里玩的照片,一张写给他的小纸条,纸条上写着:"这是对你来说非常特别的一本档案,我们会把你在幼儿园里的探究和学习的故事放在里面。你的家人也可以写故事,放在档案里。"在这一章里,有一篇他和奶奶在幼儿园里学习写印地语的故事。在这个故事发生一周后,他爷爷也来幼儿园了。金姆老师在故事里补充道:"这让我对你的家庭生活有了一点点了解。"老师们记录了很多德维亚忙碌工作的实例，这些实例让他们意识到许多他感兴趣的内容和探究都和他的文化背景有很重要的联系。德维亚经常会跟老师说起他在印度参观庙宇的事情。一开始他找到了一张孔雀的图片，但是觉得要把它画下来有点难。过了不久，当他决定想要做一幅马赛克拼贴画的时候，老师想起了他对孔雀的兴趣。德维亚用马赛克小砖完成了孔雀拼贴画，而整个过程也被记录在了学习故事里。他的爸爸告诉老师，德维亚对孔雀的兴趣来源于他对克利须那神（Krishna，印度文化中一个神，他的头上总是插着孔雀羽毛）的喜爱。在这里，我们收录了一个相对短一点的故事《设计庙宇》（学习故事4.8）。在故事里，凯伦和德维亚在一个网站上寻找庙宇的图片，然后，德维亚用积木搭建庙宇。

学习故事 4.8

设计庙宇

撰写：凯伦　　11月20日

今天，德维亚要看一下神像图片，特别是克利须那神。"在你的电脑里，我们可以把图片打印出来。"他解释道。当我们再一次查看网站上的图片时，我想起了最近刚送来的我们新买的积木。这些积木特别棒，手感很好，有不同的形状，和庙宇以及世界上一些著名建筑用的材料的形状很相似。我跟德维亚提议，我们可以打开盒子，看看我们的新积木。你可以想象德维亚看到那些漂亮的积木时有多高兴了。他立刻就开始把这些形状和他的庙宇联结在一起了。

德维亚开始设计和搭建他的庙，尝试各种想法，试着使用不同的形状。受我们打印出来的图片启发，德维亚开始实现他的想法了。过了一会儿，德维亚把神像图片放在他搭的庙后面说："神住不进去。"然后，他又试了试放在打印机上的那张图片，可还是住不进去。

我能够了解他的困扰。德维亚继续解释说神是住在庙里面的，可是这些打印出来的神住不进他搭的庙。

我想起来那个网站上有一些小一点的神的照片，于是我们又回到了电脑前，我给德维亚看了那些小一点的照片。

德维亚觉得这些照片大小合适，于是我们就打印了一张。德维亚回到他的庙宇前，把打印的神剪了下来。这次大小正合适！

我认为在德维亚身上发生了什么样的学习？

德维亚继续主导着自己的学习，他知道从哪里找到他需要的信息，以支持他进一步学习。德维亚喜欢在印度教庙宇网上找他感兴趣的东西，他知道他能在那里找到他感兴趣的神的图片。

德维亚还在继续发展他的理论，关于他感兴趣的印度的神的理论。他也会跟他的老师和朋友分享他的想法。毫无疑问，德维亚对探索和研究很感兴趣，他对知识有一种真正的渴望。他的空间意识正在发展，他探究了二维和三维物体可以如何结合在一起，如何得到他心中想要的尺寸。

我会跟德维亚分享有关印度教庙宇的DVD。这可能会带给他新的知识和启发。

结束语

这一章的主要观点是，学习者身份认知的建构包括不同群体之间对经验进行的商讨。温格说："我们对自我的定义取决于我们把自身（在不同群体中）的各种身份整合成一种身份的方式。"（1998：149）在其他著作中，我们也认为学习者存在多面的自我（Carr, Smith, Duncan, Jones, Lee and Marshall, 2010: 198）。在第七章中，有些论述会涉及把整合多种身份的过程视为"平衡"的过程。温格在《实践的共同体》（*Community of practice*, 1998）一书中的观点能很好地佐证本章讨论的内容。不过，他所论述的"在不同地方和情境中学习的能力"并不是指对学习内容进行抽象概括，因为这不是一个关于信息加工的问题，"说到底它是一个有关身份认知的问题，因为身份是载体，它承载着我们的经验，然后去往不同的地方"（p.268）。因此，我们认为，把在一系列复杂环境和情境中（对经验）进行的意义建构，以及它们之间的联系记录下来并进行讨论，会有助于建构这种多面的身份认知。学习故事能够记录身份整合的过程，因此它也能对学习者的多面身份建构起到非常重要的作用。儿童也是在不同群体里整合他们对自己的理解的。艾玛（Emma）老师参与了幼小衔接研究项目，对于学习故事在这个过程中的作用发表了以下评论。

> （这个男孩）可能有一个多星期没有说过一个字，他把他的幼儿园书（收入学习故事的学习成长档案）带来了，然后他就好像是变了一个人一样，就好像在说——这就是我，我就是这样的，虽然，我不一定知道怎么来告诉你，但是我可以给你看这些图片。每天，我无论什么时候转身都能听到小声交谈声和欢笑声，总是会有几个孩子围坐在这个小男孩身边，而他手里拿的就是他的幼儿园书。（艾玛，小学一年级新生班教师）

因此，学习成长档案可以成为一个特别强大的帮助儿童适应新环境的工具。本章中的学习故事、其他跨越边界的介质以及它们跨越边界的过程，共同模糊了各种边界，并帮助儿童发展多面的身份认知和多元化的归属关系——既丰富而又复杂的自我，愿意去即兴发挥，并进行创新和批判。表4.1列出了儿童在不同环境中学习的实例。那些跨越边界的介质（除了学习故事和学习成长档案之外的介质）为儿童在不同环境中学习做出了贡献：照片、随项链附上的一封信、母语、来自家庭的知识储备、动物玩具、吉（毛绒玩具）、haka和歌曲。表4.1还试图通过区分学科知识储备和心智倾向储备来说明多画面式分析是什么样的，这些学科知识储备和心智倾向储

学习故事与早期教育：建构学习者的形象

备在 8 个实例中都有所体现（和加强）。

表 4.1 多画面式分析、跨越边界以及不同环境中的学习目标和过程

学科知识储备	心智倾向储备	除学习成长档案之外的边界介质或过程：在不同环境中学习
佩吉：按发展顺序回忆一个事件（语言和读写）	向当时不在场的他人重述故事	照片，（他人）期待她对照片进行解读
伊莎贝拉：把小珠子当作资源使用（技术、设计、艺术）	善良：为生病住院的奶奶做礼物	随边界介质（项链）附上了一封信，这就表明，项链和信是要跨越几个边界的
德维亚：写印地语（读写）与印度的神和庙宇有关的专业知识（宗教学习和文化实践）	对所处情形很敏感，在幼儿园这个以英语为主的环境中说母语和写母语——在有不会说英语的奶奶在身边陪伴时 多种形式：用网站和积木来展现自己的相关专业知识	从一种语言转换到另一种，"阅读"幼儿园文化，知道语言转换在幼儿园是合理的和被重视的 参考照片，把同一个主题从图片转换到实物的搭建
伊曼纽尔：了解一个新国家、地方（社会和文化学习）	对一个新地方的归属感：社交和游戏性	把来自家庭的知识储备带到幼儿园：有关野生动物的知识和故事，玩具动物本身
艾薇：在娃娃家玩（戏剧）	为过渡物寻找一个地方，让它们跨越边界，从平常待的地方来到一个新环境	想办法解决手里拿着吉怎么去玩这个问题
佩尼亚米诺：用彩色冰棍棒拼图形（数学）	记得坐在巴士上看到的那座大桥，用冰棍棒再现大桥	期待他进行解释，讲故事，希望他"运用丰富的萨摩亚语"
毛利语幼儿教育机构的儿童：集体表演 haka 和歌曲（文化实践）	承担责任，表演 haka 和歌曲，以支持受地震影响的城市	在一个不同寻常的场合，保持适合 haka 和歌曲表演的"高贵"的感觉
克莱尔：品尝咖喱（食品工程、营养）	推迟完成自己的事务，照顾他人	不论走到哪里，家庭语言（母语）都和她在一起

第五章
对学习的连续性的认识和再认识

> **魔法盒 5.1**
>
> 　　好奇和提问是如何开始的呢？我们一直在思考这个问题。是什么让我们的小婴儿走上了探究之路？我们可以如何成为支持他们的资源呢？一段时间以来，我们像看待学步儿和幼童那样看待小婴儿，视他们为研究者——在探究中发现世界的学习者。在"小婴儿也是研究者"这一认识的引领下，过去几个月里，我一直在仔细观察露比 (Ruby)。我发现，她为回答"好奇和提问是如何开始的"这个问题提供了一个线索。在婴儿室的一角，我们给每一个小婴儿提供了安全有趣的区域，让他们能够自由伸展、活动。在那里，各种不同质感的材料供孩子探索。给家长和孩子们提供一个能让他们熟悉这个新地方的温馨区域，这就是开始！然后，探究也就随之发生了。正如我所看到的，随着露比的归属感不断增强，她慢慢意识到这是一个有趣的、安全的地方，她的探究也随之开始了。
>
> 　　——洛琳（Lorraine）老师，摘自露比某个学习故事的开头

　　洛琳老师谈到了学习和探究的连续性，也谈到了如何在托幼中心创设一条支持儿童探究的路径，并让这条探究之路不断延续下去。她认为，给小婴儿提供一个能让他们自由伸展和活动的、安全又有趣的区域就是探究之路的起点。因而，随着露比归属感的不断增强，她的探究也随之开始了。露比的学习成长档案中有很多与探究有关的故事（见学习故事 5.1），这些故事记录了她在上托幼中心的五年间所进行的探究。

学习故事 5.1

露比的探索

露比开始了她的探索。为了这次探索,她已经计划了好一会儿了。

现在,她探索的目标已经超越婴儿活动区的范围了,她把自己带到了一个很有趣的环境中。

露比继续在不同的环境中挑战自我,她想要去尝试一下那面攀爬墙。在第一个有关攀爬墙的故事中,她说:"我爬到了最上面,好可怕,因为风在吹。在那里,我可以看到很远的地方。我还需要更努力地爬。"

在露比的学习成长档案中,有一个关于露比攀岩的故事。露比的妈妈写道:"她的勇气甚至影响了她的小弟弟杰克——杰克跟随着她爬到了最大的那块岩石上——也影响了她的妈妈,妈妈其实是有些恐高的。谁知道她在攀岩方面的自信会把她和她的整个家庭带向何处呢!"

连续性,可以指从最久远的过去延续至今,或继续延续到最久远的未来,而延续的则是一个可能的自我,一个理想中的身份。杰伊·莱姆基(Jay Lemke, 2000: 273)对"跨越多重时间轴"(across the scales of time)的论述就是从两个问题开始的:一个个不同的时刻是如何聚积成人生的?我们共享的那些时刻又是如何聚积成现在这样的社会生活的呢?莱姆基用表格的形式对多重时间轴进行了描述:从秒到分的转换,从一个持续几分钟的事件到持续一小时的事件,从一堂"课"到人这一生的发展。他指出,长期的发展过程和短期的事件可以通过"边界介质"来联结,"边界介质"一般是那些将时间、地点和事件联结起来的记录，可以是一个具体的材料，也可以是一个符号或一段文字。在另一篇文章《总而言之》（Lemke, 2001: 21）中，莱姆基进一步阐述了这一观点。他说，有一种能追踪发展轨迹的"追踪器"，它具有特殊的价值："一个富含重要信息、能够跨越时间和空间的具体材料，能够通过当事人的解读把那些追踪到的看似互不相干的、久远的事件串联起来。"他介绍了"重要事件链"这个概念，能够被串联起来的这些重要事件拥有一些共同特征。①他随后反思："我们怎样才能知道哪些特征是重要的呢？"他认为我们必须从一个更高的层面来看待这个问题，并思考"这些事件链对哪些长期的发展过程有影响"。

在发表了莱姆基论文的同一份学术期刊中，巴拉布、海和山方-林奇(Sasha Barab, Kenneth Hay and Lisa Yamagata-Lynch, 2001)的文章强调了"在中间学习"这一框架（在本书第一章中进行了介绍）：学习的连续性即个体与环境不断互动所留下的多重轨迹。对此，他们作了如下阐述。

> 我们最关注的是对事件进行追踪，在这些事件中，个体或一些个体投入到一个特定的实践活动中，理解某一特定概念，逐步发展使用材料的方式，或者自制一个特定的物品。在方法上，我们遇到的一个重要挑战就是如何把实践或认知当作在特定情境中个体与环

---

① 莱姆基为《学习的科学》杂志（*Journal of the Learning Sceineces*）特刊撰写了论文，主题是重新思考研究学习的科学的方法。他介绍了连续性存在于"和行动相关的事件网络"中这一观点。也许，"和行动相关的事件网络"与学习故事之间存在一定的亲缘关系。巴拉布、海和山方-林奇围绕这个主题撰写的论文论述了一种复杂的、将一个教室里发生的事件（参与一个课题研究时所发生的）与时间、实践、资源和人联系起来的方式。
我们在研究过程中遇到了方法论层面的一个核心问题，那就是如何捕捉在一个学期中不断发生和展开的学习的轨迹。也就是说，与其在学期末描述学生们已有的现成的知识是什么，我们更想追踪的是课程发展过程中的认知轨迹。事实上，我们对于"知识是一个可以脱离情境被单独测评的具体的存在"这一观点存在着怀疑。（2001: 64）他们的做法是分析教室里发生的各种经验，把它们变成"大块的"或"和行动相关的"事件。在以下的评论中他们强调了学习是参与和关系这一主题。
我们认为，"知道些什么"和"学习"只是对不断发展着的活跃参与过程所做的不同的描述。因此，变得知识渊博又技术娴熟的一个特征就是个体不断增强的建构和改变与周围（物质、心理和社会）世界关系的潜力。（2001: 66）

境互动的轨迹来描绘，而不是把它当作个体头脑中的抽象概念来描绘。这就要求研究者不仅能够对行为人的行动进行描述，还要把约束这些行动的环境因素作为焦点来关注。（p. 71）

本章描述了学习故事支持我们认识和重新认识连续性的两种方式：学习故事既是重要学习事件链条中的联结环，也是能够发展连续性和让连续性直观可见的机会。

学习故事是重要学习事件链中的联结环

学习故事可以成为"富含重要信息、能够跨越时间和空间的具体材料"，能将不同事件和长期的发展进程串联起来，构成重要学习事件链。第四章中收录的学习故事《筹集善款》中记录的活动仅持续了半天，但是让这个事件变得意义重大而又影响深远的发展过程是什么呢？故事一开始的那句格言对此作了很明确的表述——（这个事件促进儿童发展）对这个充满关爱的群体的归属感，这个群体也重视每一个人的贡献。这些具有深远影响的发展过程指的就是能够追溯到人类早期的一种文化层面的连续性。

> 儿童曾经是，现在仍是，我们祖先的化身——"生动的面孔"（te kanohi ora）。儿童曾经是，现在仍是，我们与过去间生动的联结，是通向未来的桥梁。儿童是"将人们长期联系在一起的绳索"（te taura here tangata）。儿童是家族代际的联结，儿童促进了自己所处时空中的"家庭关系"（whanaugatanga）。[①]（Reedy, 2003: 58）

发生在自由儿童毛利语早期教育中心的建造神圣花园项目就体现了"连续性"。布兰达·苏塔（Brenda Soutar, 2010）对这个项目进行了记述，她在记述中加入了一段由智慧的长者米尔罗伊教授馈赠给自由儿童毛利语早期

---

① 此段小括号中的文字为毛利语，双引号内的概念皆为新西兰毛利文化中的概念。——译者注

教育中心的一首祷告曲歌词，她也解释了教师和孩子们是如何使用这首祷告曲的。

> 在为花园树碑和种植的时候，教师和孩子们会唱这首歌。这是一个通过创新型幼教中心研究这个项目深入理解自由儿童毛利语早期教育中心所拥有的知识的实例。这些知识会传承给儿童，在这个过程中，毛利世界观和人生观能在不同代际间得到传承。（p. 35）

在建造花园的过程中，教师们通过撰写的故事（paki ako）①来体现这个花园建造项目中不断丰富的认知过程。有时候，这些故事是从强调自然的神圣力量和毛利世界观和人生观在不同代际间传承这个视角来撰写的。魔法盒5.2摘录的就是其中的一篇。②

魔法盒 5.2

新 闻

摘自艾米（Amy）老师撰写的某个学习故事中的一段。

两个学步儿带着他们的"宝宝"在花园里散步。他们问候了正在花园里工作的瓦卡爷爷（Papa Waaka），瓦卡爷爷带他们参观了花园。瓦卡爷爷给孩子们拔了一些胡萝卜，洗干净。他们唱了一首食物赞美曲，然后坐在花园里一起享用美味的胡萝卜。

……我注意到朗逸塔胡莉和奥皮拉纳（Rangitahuri and Apirana）在花园里漫步，观察着花园里那些长得很好的蔬菜。他们摸摸西红柿，跟它们打招呼："你好，西红柿！"朗逸塔胡莉再一次展现了她对花园规则的了

---

① 自由儿童毛利语早期教育中心教师对学习故事进行改编后的版本，这个版本的学习故事仅在此中心使用。——译者注
② 教师用毛利语撰写故事，原著收入的是英文翻译版，这里由英文翻译成中文版本。——译者注

104　学习故事与早期教育：建构学习者的形象

解："小心，奥皮拉纳，不要捏西红柿，让它们在那里长大吧。"奥皮拉纳点点头，表示他能理解这些规则："是的，它们还在长呢，它们还很小。"……今天，奥皮拉纳和朗逸塔胡莉展现了他们对花园里常规行为的了解……（他们）还展现了对特定时间所唱的祷告曲的了解。我观察了他们的学习过程，以及他们是如何在不同场景中实践毛利文化习俗（唱食物赞美曲）的。尽管今天他们只吃了一点点食物而已，但对这个年龄段的孩子来说，奥皮拉纳和朗逸塔胡莉正走在发展自身学习能力的正途上。

一年后，利亚（Rea）老师撰写了一个发生在花园里的集体学习故事，为孩子们提供了另一个可以在幼教中心和家里阅读的故事。利亚老师是从三个视角来撰写这个故事的：孩子们语言发展策略；记录花园建造过程；追踪孩子们"占有"与花园建造项目相关的一些文化实践的过程（见学习故事5.2）。在故事中，教师把孩子们的学习与《新西兰早期教育课程框架》和指导毛利语学校教育的文件进行了联结，她也倾听了社区中长者的建议，以确保教师们的实践能体现毛利精神、毛利文化、毛利语言、毛利教学法和毛利管理风格。

学习故事 5.2

采摘高手

撰写：利亚　　3月16日

在花园里，在阳光的照耀下，在雨水的滋润下，幸福又健康！

在出去探险之前，我告诉大家今天一起去采摘玉米，然后和我们所有家人们一起分享。"玉米长大了吗？"库木力（Te Koomuri Aroha）问道。"是的，已经可以采摘了。在你们——其实是我们所有人的关爱和照顾下玉米长大了，可以采摘了。"我回答道。

"你好,花园!"当我们一走近花园,所有的孩子都这样问候花园,我也赞扬了你们,因为你们想到了毛利文化,你们知道我们应该跟花园、蔬菜和这个地方的神说话。

我看到了远处的瓦卡爷爷,他正在花园里等着你们。

尽管我请你们不要离我太远,但这个要求显然没有奏效!你们很兴奋地扔下绳子,很快地跑向瓦卡爷爷,你们是那样地高兴!"瓦卡爷爷好!"你们一个个跟瓦卡爷爷问好,采摘玉米的高手们来啦!你们太爱瓦卡爷爷了,不是吗?是的,在过去几周里我看到你们有多么喜欢他!这真是太棒了!

你们马上就开始帮助瓦卡爷爷摘玉米,剥下外皮,把它们扔在地上。你们已经准备好弄脏你们的手了!

我一直在看着你们,我看到有些孩子尝了尝玉米,看上去很喜欢新鲜玉米的味道。"真甜。"我听到你们说,这让我很惊讶。你们眉飞色舞,你们笑着品尝甜甜的玉米汁液,这激发了你们的食欲。"太好吃了!"我暗暗发笑,因为你们正在吃的是最新鲜的生玉米——不可能有比这更美味的东西了!

我想要感谢你们,采摘高手们!你们今天的工作太出色了!在花园干完活,我们都出汗了,我们的额头闪着汗珠,我们的肚子是饱饱的。"再见,花园!"你们跟花园告别。

正如莱姆基所说的那样:"(我们)不仅要思考教师动态与个体活动、身份认知和个人发展轨迹间的关系,还要思考教室动态与学校和社区大环境间的关系,这一点开始变得越来越重要了。"(2001:18)。在一篇研究小学教室内数学学习的文章中,莱姆基作了如下评论。

> 我们为什么只是在一堂数学课上观察学生,而不是跟着他们走出教室大门,下楼到大厅里,进入另一个教室、餐厅、街角、工作场所或家庭呢?……我们能够看到的是有助于短期发展的有意义的实践,但却无法看到有助于意义建构的心智倾向、态度和惯习(Bourdieu, 1990)的长期发展。(Lemke, 2001: 20)

本书中出现的教师们常常会关注有助于建构意义的心智倾向的长期发展。在戴安娜的学习成长档案中,尼基老师和苏西老师(第二章)在追踪一个重要的学习事件链(贯串这个事件链的主题是"在不同的环境中尝试做新的事情")时提到了孩子们对学校课程中关键能力"参与"的解读。迈克尔为自己撰写的学习故事《越野跑》(第三章)就是围绕新西兰中小学课程中的五大关键能力写成的。在他的学校里,这五大关键能力被转化成了学习者的四个形象:沟通者、坚韧的学习者、思想者和有爱心的公民。学习故事的格式融入了学校对这四个形象的解读,迈克尔也突出强调了"坚韧的学习者"和"坚持完成任务"这两大内容,并把这些词句写进了他的故事里。如同第二章中戴安娜的故事所表达的那样,在另外两个早期教育中心里,"勇敢"作为一个价值观也在一些故事中得以体现。其中一个故事来自一所新西兰幼儿园(见学习故事5.3),另一个故事来自柏林的一家早期教育中心(见学习故事5.4)。

学习故事 5.3

幼儿园里的一个挑战
从一棵大树到另一棵大树

撰写:乔丁　　7月21日

今天下午,孩子们对花园里的两棵大树非常感兴趣。艾登(Aidan)对我说,如果有一根绳索的话,就可以帮助他们从一边到另一边了。这真是一个特别棒的主意!于是,一座绳索桥在两棵树中间建起来了。很快,许多孩子都迫不及待要去挑战绳索桥了。我随时准备着对孩子们进行鼓励,跨越大树活动就此开始了。

在这里发生了什么样的学习?

乔治亚(Georgia),今天你让我们看到了你巨大的勇气和自信。我欣喜地看到,你首先花时间看别的孩子从一棵树上爬到另一棵树上。然后你也加入了,你觉得是时候自己去试一试了,你也准备好了。在大家的鼓励下,你很小心地探寻出了一条让你可以从一棵树跨到另一棵树的道路。

乔治亚,你的决心和毅力是你今天得以征服绳索桥的动力。你接受了摆在你面前的挑战,正如我们在 DVD 所看到的,你非常享受成功之后的巨大成就感。你真棒!

勇气 =courage=hautoa
自信 =confidence=maia!
毅力 =perseverance=u-tonu-tanga
决心 =determination=hiringa

赞布的老师(第三章)在追踪赞布对鱼类不断增长的兴趣和专门知识、建构有关鱼类的理论时,很含蓄地提到了赞布这方面的学习与《新西兰早期教育课程框架》中的一个预期学习成果"建构与自己所生活世界以及如何保护这个世界有关的工作理论"之间的联系。第四章中,教师追踪了艾薇刚来托幼中心的那些日子,教师认为她"正在想办法解决手里拿着吉怎么去玩这个问题"(见学习故事 4.5),而这个学习事件也暗含着一个影响深远的长期发展过程:归属感和探究的长期发展(见学习故事 5.4)。

108　学习故事与早期教育：建构学习者的形象

学习故事 5.4

克里斯蒂娜的学习经验

撰写：哈顿（Hatun）　8月8日

今天，当我们都在游乐场玩的时候，克里斯蒂娜（Christina）对滑梯特别感兴趣。一开始，她看着其他孩子玩，那些孩子很开心地爬到滑梯顶上，然后滑下来。她看了很长一段时间。但是，她看上去并不相信自己也能完成这样一个大活动。我观察着克里斯蒂娜，她似乎对这个大滑梯非常着迷，同时又被这个大滑梯吓着了。不过，几分钟之后，她决定向这个不可思议的大滑梯进发。开始的时候，她有点怕，颤巍巍地爬上梯子。当她爬到滑梯顶上后，我能感觉到她心里的不安全感，现在，她也意识到了，无论如何她都必须滑下来了。她鼓起勇气，坐在滑梯上，然后滑了下来。当她滑到地面时，她一下子就轻松了，同时又充满了喜悦，她终于克服了最初的怀疑，享受到了其中的乐趣。这次滑梯成功后，这个滑梯也成了她今天最喜欢玩的地方了。每次滑下来之后，她都像第一次滑下来后那样兴奋。

克里斯蒂娜学习了如何克服她的恐惧。她体会到了成就感，度过了一段特别开心的时光！

在《制作图书的人——基兰》这个学习故事中（来自英国伯克郡），黛比（Debbie）老师提到了《早期教育基础阶段课程》[①]中有关学习环境的两个方面：①幼童需要室内和户外的空间，在这些空间里，他们可以选择活跃，也可以选择安静；他们可以思考、做梦或看着他人；②儿童在亲身体验中学习。正是这两个方面支持了教师们提供适宜的学习环境以促进儿童的长期发展——语言和词汇的发展，而这个故事中记录的基兰的学习事件只是她长期发展的一个部分（见学习故事 5.5《制作图书的人——基兰》）。

---

① 英国早期教育课程框架。——译者注

学习故事 5.5

制作图书的人——基兰

撰写：黛比　　9月

基兰（Kieran），今天当你从花园走进教室的时候是那么兴奋。你手里拿着一张画说："看，老师，这是巴克斯福特树林。"我发现你是那么自豪。你画了树和太阳，就像你朋友查理（Charlie）画的那样。"我看到了一棵大树，我们在那里玩过。"我说，"你的画很棒呀！"从你的笑容里我能够看出这张画对你来说是多么的特别。这一星期，我们对制作图书特别感兴趣，我想你可能会愿意把这张特别的图画变成一本书。我觉得你很喜欢我的这个提议，因为你马上就拿来了几张纸和彩色铅笔，然后和我一起坐到了桌边。

你再一次开始画画。"大树，小树，"你一边画树干、树叶和树枝，一边说，"我们需要太阳、雨和彩虹。"你画了一个圆当太阳，又画了一些短线条当阳光。在画彩虹的时候，你又去找来了更多的彩笔，用很多颜色画了一些拱形线条。我们在巴克斯福特树林看到的东西，还有哪些可以画下来的呢？我们想了好一会儿。查理建议画滑行索道。于是，你就在两棵树中间画了一条线。"我想知道你会怎样把这些画纸放在一起做成书呢？"我问道。"订书机。"你说。我们找到了一个订书机，你必须用两只手一起用力向下压才能把钉子压出来。就在你做完了书的时候，张柏林老师（Miss Chamberlain）来跟你一起玩了，你向她介绍了你的书。

在这里我看到发生了什么样的学习？

基兰今天画的树林给我留下了深刻印象。他先是看他的朋友查理画画，然后决定自己也要画一张。从他画时那兴奋的表情，我知道是我们去巴克斯福特树林玩的经历促进了他的学习和发展。《早期教育基础阶段课程》提醒我们："幼童需要室内和户外的空间，在这些空间里，他们可以选择活跃，

110 学习故事与早期教育：建构学习者的形象

也可以选择安静；他们可以思考、做梦或看着他人。"它还告诉我们："儿童在亲身体验中学习。"这些都在基兰的身上得到了验证。有关基兰"个别游戏计划"中的一个内容就是希望他能更为自信地看图片讲述。今天的活动给了他一个在安全的情境中和成人谈话的机会，也让我们能用一种有意义的方式支持他的语言发展和学习更多的词汇。

机会和可能性

对于自己今天的成就，基兰感到非常自豪。我很确定他会想再一次体验这种成就感。我很期待我们再次一起去巴克斯福特树林玩。没准基兰会愿意拍一些照片，再做一本书跟家人分享。妈妈看了基兰画的画后会有什么感想呢？

在新西兰的早期教育机构里，教师支持儿童发展成为一个"超级学习英雄"所需要具备的三个品质①。作为一个超级学习英雄，需要表现出与三个品质相匹配的三个行动中的一个。然后，教师在学习故事的一角用一个对应图标来表示。这三个行动分别是：专注/聚焦（黄色披风图标）、实践（蓝色披风图标）和思考（绿色披风图标）。表现出这些行动的故事会在集体中

---

① 超级学习英雄项目与《拥有学习能力的英雄》（Learning power heroes）一书——根据英国构建学习的力量研究课题（Building learning power）成果撰写——有共通之处。克莱斯顿（Claxton, 2009）为这本书写前言时，强调了教师是学习的"英雄"，（儿童）从他们的父母、看护人和教师身上学习如何学习。在儿童成长的过程中，如果他们身边的人热衷于在饭桌上辩论，那他们也会吸收这些习惯、规则和辩论的乐趣。如果儿童看到成人在自己的学习中不断试验、保持好奇和坚韧不拔的话，这些习惯他们也会习得。如果儿童的榜样没有时间去思考，或者在努力没有成果时变得非常生气，这些也会被他们学到。因此，当儿童在我们身边时，我们必须很小心地呈现出自己最好的学习状态，特别是当他们很喜欢或崇拜我们的时候，因为他们心中的"英雄"所拥有的那些习惯是最容易传染给他们的（p.1）。

我们能够说，那些用故事记录儿童学习并在记录过程中不断与儿童和家长沟通的教师，其实也在为他们班里和早期教育机构中的学习者提供榜样。当成人给学习事件做记录、收集信息和拍照时，儿童都在观察他们。成人展示的是他们对学习的兴趣，他们的专注和好奇，他们愿意讨论那些重要事件，并且会分享他们所看到的：他们可能向学习者展现了实现一系列有趣目标的热情，并让学习者看到他们是重视和尊重家长观点的。当有机会和学习者一起撰写故事时，他们又能够展示合作和有意义的读写是什么样的。这些学习习惯也是能够传给儿童的。

分享,分享时,故事里的学习者会披上超级英雄的披风(见学习故事5.6,这是放入儿童学习成长档案中的三张介绍超级学习英雄的海报中的一张)。在学习故事5.7中,"专注/聚焦"有两层意义,一个是超级学习层面的意义,另一个是技术层面的意义。这个故事记录的是萨缪拉(Samuela)在学习使用照相机的过程中所表现出来的兴趣和专注。

学习故事 5.6

超级专注

第三和第四学期

让儿童思考学习的必要条件。

发展超级学习能力就是……

我们相信每一个人都拥有能够帮助自身学习的超级能力。我们想要在幼儿园里鼓励和发展这些能力。

如果我们让儿童思考和使用他们的超级学习能力,他们将有能力在他们需要的时候用上它们。

在过去的几个学期里,我们鼓励孩子们使用他们的超级专注能力。

这个想法来自教师阅读盖·克莱斯顿的著作《发展学习能力》(Guy Claxton, *Building Learning Power*)

你看到教室里的展示了吗?

专注/聚焦就是你能在一个地方玩和工作很长时间。专注/聚焦是一个超级学习能力,因为当你学着做一些事情的时候,给你自己时间去思考是非常重要的。

如果你在孩子的学习故事里看到这个披风 ⌓,你就立刻明白孩子们在发展和使用他们的专注这一超级学习能力。让孩子们也知道这一点是非常重要的,这样他们才能理解这是他们在学习的时候可以利用的学习能力。

学习故事 5.7

初露头角的摄影师

撰写:阿卡尼斯(Akanesi)　3月21日

昨天,内奥米老师把儿童相机拿了出来。这个相机帮助你度过了妈妈离

112　学习故事与早期教育：建构学习者的形象

开时那段伤心的时光，也让你整个上午都非常忙碌。那天上午，你告诉我："我想要那个。"——指着照相机。我把照相机拿给你，你马上就拿着它去拍照了。你给在办公室里的我拍了几张，然后我向你演示如何回看自己拍的照片，之后你就出去给其他孩子、玩具和幼儿园拍照了。在上午活动结束前，我们没有时间把你拍的照片打印出来。我们在第二天打印了这些照片。那一天，你又拍了一些照片。

我认为什么样的学习在萨缪拉身上发生了？

萨缪拉，你对使用儿童相机非常感兴趣，一连好几天都用它拍照片，这真是太酷了。你对使用相机的兴趣和专注帮助你适应了幼儿园生活。我很高兴看到你不断主动要求把儿童相机拿出来，并且使用它。

在我们幼儿园，我们鼓励孩子们思考学习需要哪些条件，并成为一个很好的学习者。教师们认为孩子们都拥有能帮助他们学习的超级能力，我们也想鼓励和发展这些能力。超级能力之一就是专注/聚焦，这意味着孩子们能够在一个活动或一个区域投入地玩很长时间，或者是玩某一个玩具或器材很长时间。萨缪拉，我们很高兴看到你运用自己超级学习能力中的专注力，投入地使用了照相机很长时间。专注是学习的一个重要部分，因为这给你时间去学习和思考你要做什么，并实现自己设定的目标。

机会和可能性

你对照相机那么感兴趣，我知道我们需要确保照相机的电池一直是充满了电的，它随时准备着，这样的话，你就不会错过任何能让你对相机更熟悉、对它更了解和学习照相技巧的机会了。

新西兰教师撰写的一些学习故事里会包括被称为与课程五大发展线索

相对应的"冰山的尖角"的五大类行动。这五大类行动分别是：对某一事或物感兴趣，参与，遇到困难能坚持，表达一个想法或感受，以及承担责任。与这些行动相关的心智倾向在 2001 年出版的有关学习故事的专著（Carr, 2001a）中有详细阐述。有一些研究课题就是围绕这些行动展开的，并试图寻找一些与之相对应的平行目标——如同尼基老师和苏西老师在第二章中所寻找的平行目标"参与和贡献"——以帮助他们识别学习事件的价值，并继续支持这些学习事件的发展。表 5.1 提供了关于那些影响深远的有助于意义建构的心智倾向、实践和学习者形象的 5 种解读，以帮助教师对记录下来的学习进行长期分析（Ministry of Education, 1996, 2007; Greeton Early Childhood Centre Team; Carr and Lee, 2008）。

表 5.1　有助于意义建构的心智倾向、实践和学习者形象

新西兰早期教育课程框架	新西兰中小学课程中的关键能力	最初的研究中的学习故事框架	托幼中心所崇尚的提问和对问题进行探究的文化	通向小学学习的路径
身心健康	自我管理	参与	智力发展	坚韧、适应力强的学习者：自我管理
探究	思考	坚韧	幽默、会玩	思想者：思考
沟通	使用语言、符号和文字	表达想法	倾听对话	沟通者：使用语言、符号和文字
贡献	与他人相处	承担责任	真实的工作	有爱心的公民：与他人相处
归属感	参与和贡献	对某一事或物感兴趣	连续性	参与和做出贡献

借助学习故事和学习成长档案促进连续性并让连续性直观可见

借助学习故事和学习成长档案有意识地促进连续性，并让连续性直观可见，有多种媒介：故事，对学习的分析，学习故事的计划部分，收集到的一系列事件或者照片，以及围绕某个学习故事与一个学习者或一组学习者进行的交谈。

让连续性直观可见：在故事中

很多时候，学习故事自身就能体现连续性，如用一些短小的学习事件组合成一个长长的故事，就好像我们在第四章中读到的艾薇的老师为她写的故事《艾薇做好了准备》那样，又如在魔法盒 5.3 中读到的，在故事中提到过去发生的事情。

魔法盒 5.3

乔老师（Jo）为凯拉写的一个学习故事《当时是那样的！现在是这样的！》，收在凯拉的学习成长档案中。

两个星期前，我写了一个凯拉在她的朋友奥莉薇亚（Olivia）的帮助下探究吊环的故事。今天，我一来到户外就看见凯拉正抓着吊环倒立呢，她的两条腿朝上举着，满脸是开心的笑容。我马上拿来了照相机，捕捉到了凯拉这些杂技式的飞行动作。

让连续性直观可见：在对学习的分析中

凯拉的学习成长档案记录和评述了她不同时期的探究和学习。她的学习成长档案是从一封欢迎信开始的，这是她的关键看护人乔写给她的信。乔写道："我们将共同踏上学习的旅程。"三年半后，洛琳老师写了一篇凯拉教一个朋友在单杠上做高难度动作的故事。在对凯拉的学习进行分析时，洛琳作了以下评论。

> 凯拉，在你还是小宝宝的时候，我就看到你热衷于像现在这样玩，那就是尽自己最大的能力挑战你自己，你总是在寻找下一个挑战你自己的机会，然后通过努力和实践来提高自己的技能。凯拉，这些都是非常重要的有助于学习的心智倾向，能让你受益终身。

洛琳老师为杰克逊（Jackson）的学习成长档案写了一个"总结式"的故事（见学习故事5.8）。故事中有一张杰克逊还是小宝宝时的视频截图，当时杰克逊正在探究从水管子一头流出来的水，而在故事的结尾，洛琳老师为他撰写了"简历"。

> 杰克逊的简历：杰克逊，4岁，是一个茁壮成长着的实验性公司的CEO，他是那么热衷于把时间和精力投入到自己感兴趣的事情中，探究那些能够超越已有认知的新技术。
>
> 未来的期待：21世纪所需要的技能很多还是未知数，因为很多职业目前还不存在。但是，我们已经能在杰克逊身上看到探究那些不存在的职业所需要的心智倾向了。我们期待着听到杰克逊进一步学习和发展的消息！

学习故事 5.8

杰克逊的研究变得越来越复杂啦

撰写：洛琳

目前，杰克逊的研究是围绕轮子展开的，支持这项研究的是他所搭建的各种不可思议的高速公路。他每天都要花好几个小时来搭建和拆除，因为公路的设计越来越复杂了。

很久之前，杰克逊的研究就已经开始了……

我感觉，在杰克逊还是小宝宝时，我所认识的他头脑里就有"研究"这项工作。他来到我们这里的第一个早晨就坐在草地上玩水管子玩了近一个小时，那时他的好奇心就已经是无限大了。他把手指头放在水管子的一端，然

后松开,他是在测试水流呀。我经常看这段视频,他的努力,一次次的实践,一次次的尝试和再尝试,都让我着迷,因为他在建构自己心中的关于手指压力能改变水流喷洒方式的理论。这么小的孩子就有这么强的探究决心!如果我要用一个实例来说明《新西兰早期教育课程框架》中的儿童观"……儿童是有能力、有自信……"的话,这就是一个很好的例证,它特别能说明这样的儿童观在小宝宝身上是如何体现出来的。杰克逊那时的探究给我们的一个重要启示就是,支持孩子寻找能让他们感兴趣的事物是多么的重要。当我们创设的环境能让儿童着迷,并给他们时间和空间进行探究,我们其实就是在创设一个支持儿童"学习如何学习"的环境。儿童的探究是由心智倾向驱动的,心智倾向能驱使他们参与学习,创设和解决问题,并建构社会性的空间来测试他们的理论。这些都是杰克逊一直在做的事情。毛利人传统的背孩子方式,就象征着学习环境需要能够真正支持每个儿童对周围世界的探究。

如何从探究水管子发展到尽情地用积木进行搭建?

杰克逊可以告诉你,实践和努力是由好奇心、尝试和再尝试以达到目标这些心智倾向驱动的。这些心智倾向都是来自内部的驱动力,能够在不同的学习情境中使用,让学习者不断得到激发并茁壮成长。

杰克逊是我们中心里的小小研究员

小宝宝被包裹在一条用亚麻编织而成的毯子里——毯子内层填充信天翁的羽毛作为保暖材料——然后被大人背到背上。这种毯子非常柔软,随着小宝宝一点点长大,毯子也会随之变得更加贴合小宝宝的身体,而不是让小宝宝去适应毯子预先织成的形状。我很喜欢这个象征,因为我能把它和我们托幼中心一直以来努力建构的学习文化联系在一起。杰克逊就是这样不断主导自己的学习的,现在,他的学习热情也激励了其他孩子,吸引了越来越多的孩子参与到他的探究中。我最近拍的视频就能展现杰克逊社会性发展的这一面,他所具有的能够融合很多人的领导力让孩子们对轮子的探究和搭建高速

第五章 对学习的连续性的认识和再认识

路活动开展得如火如荼。他现在有很多"工程师"朋友和他一起"工作",共同在技术上创造各种奇迹。他还拥有一群"学徒"——从站在一旁用渴望的眼神观看他们的孩子们,到试着帮忙的助手。这些都是技能学习的标志,因为所有的技能学习都是从近距离观察开始的。

这是一种大带小的关系,也就是年龄大一点的孩子帮助一个年龄小一点、经验少一点的孩子,让他们能够参与实践,在"专家"(也就是年龄大一点的孩子)的身边发展他们的技能。

杰克逊是一个榜样,他对探究、对一次次的试验充满热情,他的探究方式又会让看的人着迷。最近,在一个下午,我非常惊讶地看到七个非常投入的男孩子在我们办公区附近新设立的积木区一起搭建。这些男孩子在彼此身边走动,一起搭建,再搭建,几辆小汽车急速地从轨道上滑下来,向四面八方开去。观察者们站在旁边看,这是一个充满了活力和行动力的区域。然而,我所看到的却是一片祥和。我真希望我们的国家也能像这样在清晰的目标引领下前进!杰克逊是一个很重要的大公司的CEO,他和同事们都致力于实现同一个愿景,那就是充分发挥他们的想象力,并努力实现他们的目标。他正在建构一个学习者的共同体,或者说一个"大家庭":这是一个拥有共同目标并共同实践以达成目标的共同体。于是,在我们托幼中心这个共同体里,杰克逊既是学习者,也是教师,引领、合作、不断超

还处于萌芽阶段的搭建——哇,从二月份至今,你的搭建变得越来越复杂了。

未来的期待

21世纪所需要的技能很多还是未知数,因为很多职业目前还不存在。可是,我们已经能在杰克逊身上看到探究那些不存在的职业所需要的心智倾向了。我们期待着听到杰克逊进一步学习和发展的消息!

杰克逊的简历

杰克逊,4岁,是一个茁壮成长着的实验性公司的CEO,他是那么热衷于把时间和精力投入到自己感兴趣的事情中,探究那些能够超越已有认知的新技术。

118 学习故事与早期教育：建构学习者的形象

越已有设计和技能的边界。站在学习的前沿，想要接受更多挑战，也准备好从失败中学习，能处在这个位置多棒呀！干得好，杰克逊！

让连续性直观可见：在学习故事的计划部分中

朱莉（Julie）老师在两个学习故事中记录了斯嘉丽（Scarlett）探究库露（koru）图案①的轨迹（见学习故事5.9）。一开始，朱莉老师注意到斯嘉丽在探究"库露"的形状，用它来拼图案。她建议斯嘉丽用其他艺术材料来表现她的设计。两个星期后，斯嘉丽看着一个库露雕塑画画，还画了其他一些库露图案，并用她的家人"妈妈""爸爸"和"其他孩子"来给这些库露图案命名。然后，她用这些库露图案制作了两幅丝网印刷画。在一张照片中，我们可以看到，在她剪下这些库露图案时，另一个孩子帮她拿着画纸，还有一张照片拍到的是她完成的库露丝网印刷作品。

学习故事 5.9

斯嘉丽自制的库露、蝴蝶和花朵书

斯嘉丽自制库露书

撰写：朱莉　　10月21日

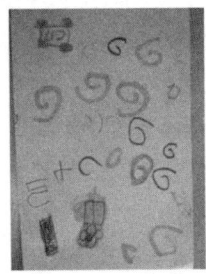  

最近一段时间，我注意到斯嘉丽喜欢画库露图案。

有一次，斯嘉丽一边画库露，一边跟我说："我是毛利人。"我很肯定的是，画库露帮助她在自己民族的文化传统和自我身份认识之间建立了联系。

斯嘉丽看着乔治和我一起制作了一本书，我们用胶圈装订书，她也想做一本。

---

① koru是毛利语，意为圆环，是毛利文化的符号，图案来源于新西兰国花银蕨新生嫩蕾的形状。——译者注

第五章　对学习的连续性的认识和再认识　　119

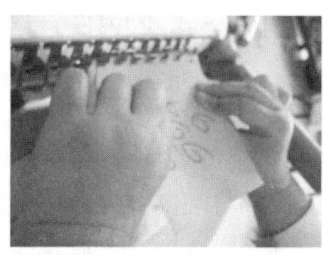 她非常自信地尝试用胶圈装订她的书。

 我想要继续支持斯嘉丽探究库露图案的兴趣。

斯嘉丽创作的不可思议的库露艺术品

撰写：朱莉　　11月8日

 我问斯嘉丽是否想用库露图案制作一幅丝网印刷画，我给她看了我的一个库露雕塑。

 斯嘉丽看着雕塑，画了好多库露，一共有36个之多。"这个大的是妈妈，这个是爸爸，其他都是孩子。""看上去你画的是你的一家。"

 然后，她创作了好几幅丝网印刷作品。

 斯嘉丽百分之百地投入到她的工作中，全身心地投入。把库露图案剪下来很不容易，但是她很愉快地战胜了这个挑战。

 明天，我会问问斯嘉丽，她是否愿意继续尝试用笔或颜料来创作，没准她会愿意在此基础上创作叠套印作品。明天我们就会知道了。

让连续性直观可见：在收集到的一系列事件或者照片中

凯西（Cathie）是贝里（Bayley）的老师，她捕捉到了一系列学习事件，这些学习故事记录了贝里的进步，从一开始他选择图书区作为让他觉得舒适的地方，然后一点点发展对图书的兴趣，能识别出一些与阅读有关的技能，并参与到与阅读有关的社会性交往中（见魔法盒5.4）。最初，教师是为了记录贝里读写方面的发展而记录这些事件的，但是，讲故事的过程把贝里在读写方面的发展情境化了，也因此记录下了促进贝里读写发展的一些重要的环境因素。这些事件的文字记录是配有照片的，虽然本书没有收入这些照片，但是教师在文字叙述中很明确地提到了这些环境因素的作用。

魔法盒5.4

贝里管理自己，与人相处，学习新西兰中小学英语第一阶段课程

记录了贝里在3—7月学习情况的一系列故事描述了他对阅读不断增长的兴趣。

3月。从今年开始，贝里参与我们班活动的时间越来越长，越来越熟悉我们这个教室，在教室里也越来越自在舒服了。助教老师告诉我，今天上午，他非常高兴能在假期后回到学校。今天，当贝里走进教室的时候，他径直走到了图书区的沙发那里。这是他最喜欢的地方。你能从照片上看到，他喜欢让自己感到舒服自在！他手里拿着的是他最喜欢的书。大多数日子，他都会从书架上选出这本书。他没有打开书，是很喜欢看这本书的封面。

6月。贝里很喜欢教室的图书区。这是他很喜欢去的地方，特别是当他有点累了，需要一点时间休息的时候。他通常会从书架上选一本书拿在手里，这是他从新入学那时起就开始喜欢做的事情。红色的封面似乎很吸引他。昨天，午餐期间，当他在图书区享受一段安静时光的时候，他和帮助他的老师一起发现了一本新书。今天，阅读时间，他又从书架上选出了同一本书，很舒服地躺在大豆豆沙发上欣赏这本书。他从书的开头开始看，然后自己翻页，很仔细地看每一页上的图片。有时，他会把书倒过来看上面的图片，然后再把书拿正，翻到下一页。

> 7月。今天，午餐后，贝里的表现让我们了解到他是知道学校的一些常规的。他走进教室，在老师的帮助下，走到他的日程表前。他看了看代表"阅读"的图片，把它拿下来，四下张望，然后看孩子们分享图书的阅读区，这表示，他明白这个活动是在哪里进行的。然后，他走近两个想要和他共同读一本书的女孩子。她们都坐了下来，让自己放松舒适，然后和贝里一起阅读了几本书。贝里很认真地看她们的书，跟随她们的指引看每一页。有的时候，他会自己翻书页。偶尔他会分心，但是女孩子们很成功地让他的注意力重新回到书上。她们拿在手里一起读了最长时间的那本书就是关于贝里的书——《我是贝里》。

莎琳-布鲁（Charleeh-Blu）在绘画方面的发展被记录在一连串重要的故事中（五个故事），这些故事由阿肯尼斯（Akanesi）老师、乔安娜（Joanna）老师和内奥米老师撰写（见学习故事5.10）。

学习故事 5.10

莎琳-布鲁的故事

画木质动物

撰写：阿肯尼斯　6月19日

莎琳，今天下午，你和我及其他几个孩子一起把木质动物玩具当作自己的创作灵感和原型来绘画。在这个过程中，我发现了一件重要的事情，就是你表现出了一个非常重要的、一个好的学习者会拥有的心智倾向——那就是，对于新事物，你的态度很开放，非常愿意去尝试。你刚上幼儿园的时候，我就已经发现你的这种学习行为了，但是让我更为开心的是你好奇心总是那么强，总是那么愿意学习和尝试新事物。我会尽力地去发现更多这样的学习实例。

"阿姨，我画了恐龙。"

莎琳-布鲁的房子

莎琳-布鲁想要画一张很大的画。一开始，她说："我不知道我要画什么。"不过，她还是拿来了画笔，准备好了纸，全身心投入绘画。她先用浅

122　学习故事与早期教育：建构学习者的形象

蓝色画了一个正方形，然后她在纸的边缘画了一些线条。接下来就是紫色线条和几笔短线条，然后用红色来联结紫色线段，变成更多的正方形，并在中间点上圆点。她非常专注地画着。画完后她说："这是一幢大房子，它有很多窗户，一扇门，还有墙。"过了一会儿，当她跟林内特（Lynette）介绍她的画时，她说它是她的"学校"。

在这里，什么样的学习发生了？

莎琳-布鲁首先思考了一下她想要画什么，然后花时间实现自己的想法。她很仔细地选择她要用的颜色。

我很高兴看到你那么具体细致地构思自己的图画。

机会和可能性

随着莎琳-布鲁的成长，她也在发展各种有意思的想法，这也就给了她为自己的学习设定目标的信心。

为我们的小鸟画画

撰写：阿肯尼斯　11月3日

今天，在看了我叔叔给我们送来的黑鸟后（从叔叔昨天砍倒的树上拿来的），我们还了解到它们一直不好好进食，于是你想到了一个非常好的主意：

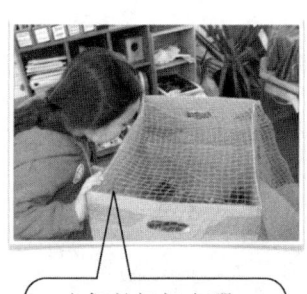

它们的妈妈在哪？

为了让它们感受到你的关心，你为它们画了一张画。这个主意给所有孩子带来了启发，他们都加入了为我们的小鸟画画的队伍中。

可是，小鸟们的情况恶化得很快，我觉得我们应该把它们送到动物保护部门。为了给你们时间跟小鸟们道别，也给你们机会分享自己的作品，我们让大家坐到了一起。你还建议我们可以给小鸟唱一首歌（我们轻轻地唱歌，这样就不会吓着小鸟了）。

你问它们的妈妈在哪里，这让我们看到你有多担心它们的处境，设身处地地为它们着想。这是社会性发展的重要内容，对和我们一样的人类以及其他生物都具有同理心和同情心。

莎琳－布鲁，今天你让我们看到了你的同理心，你想要检查小鸟的情况，给它们画画，为它们加油！我们谈到了它们为什么会离开它们的妈妈，猜想它们可能会想妈妈。还要谢谢你今天成了大家的小领导，给其他孩子启发，让他们看到我们可以通过艺术作品来表达我们对其他生物的关爱。

谢谢你，莎琳－布鲁

撰写：内奥米　　3月22日

莎琳－布鲁，我想谢谢你创作了那么多作品！这里只是其中部分作品的照片。最近，我刚刚写了一个故事，讲的就是你的关爱之心。莎琳－布鲁，你真是做了很多让我们大家不禁要对你表示感谢的事情呀！

熟能生巧

撰写：阿肯尼斯　　3月23日

莎琳－布鲁，你总是想着别人，为其他人画画，包括我、其他老师、你的朋友和家人！今天也不例外。你拿过来一张色彩 丰富的画，然后说这是送给所有老师的，你想把它挂起来（挂在门把手上）。

当我请你说说你的画时，你解释说这是一条鲸鱼（下一页上有注解），你还告诉我，你是在一次又一次的练习之后才画出这张画的。

在这里，我看到什么样的学习在莎琳－布鲁身上发生了？

莎琳－布鲁，你真的对画画、手工、写字和涂鸦感兴趣呀！有一天，我跟斯考特（Scott）聊天，他说你每天都爱画画和涂鸦。我说你会成为艺术家，他同意我的说法。这很有意思，因为他和朱尔斯（Jules）正在想该为你准备什么特别的生日礼物，以支持和鼓励你对艺术的兴趣呢。

莎琳－布鲁，我听到你再一次提到了练习和画出鲸鱼的各种细节之间的

124　学习故事与早期教育：建构学习者的形象

关系。是的，这需要时间——学习也是需要花时间和进行练习的——不过，你的话"……因为我一次又一次的练习，因为我在家还不会画，然后我一次又一次的练习……现在我能够画这样一条鲸了"，反映出你似乎真的理解"练习"这一"超级学习能力"是什么，并把它内化到你的学习中了。

机会和可能性

我知道，当你读这些故事的时候，你会像我们老师写故事时那样愉悦，所以，没准我们可以讨论一下你还想在这些故事里看到点什么。

画一幅完美的鲸鱼图画

请按数字的顺序阅读。

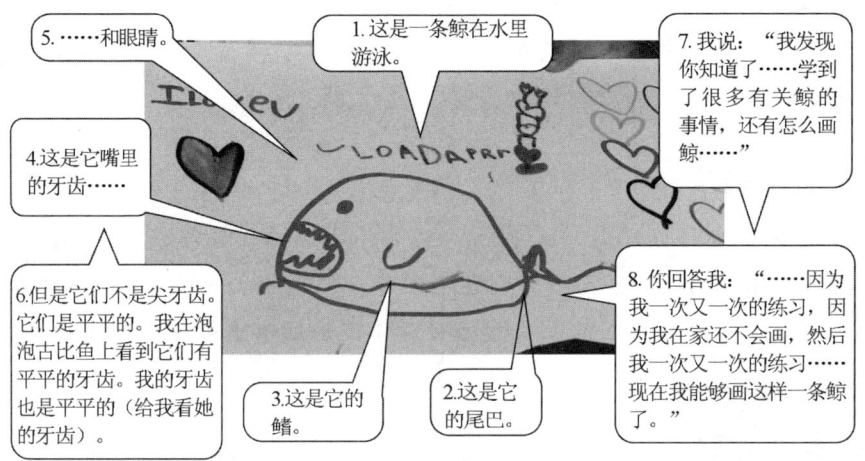

让连续性直观可见：围绕某个学习故事与一个或一组学习者进行交谈

正如我们在第三章中看到的，交谈给学生提供了解释他们自己想法的机会，也让教师能够强调学习事件与有价值的学习之间的联系。交谈也让学习者有机会认识和重新认识学习成长档案是可以追踪他们学习旅程的追踪器。伊莎贝拉用了好几个月时间来探究设计这项工作的含义，以及在设计马赛克拼画和串珠过程中需要面对的挑战。在以下的对话中，她的焦点已经转换到运用这些知识和技能为其他人制作了。在和金姆老师讨论最近撰写的一个关于她的学习故事时，她是这样描述自己所制订的马赛克拼画计划的。

金姆老师：（指着一张照片）你是为一个特别的人制作的这个吗？

伊莎贝拉：（微笑着看着老师）嗯，我是给我的姐姐做的！（停了一下，然后点头）我需要给妈妈做一个（数手指头），还有爸爸。

金姆老师：是吗？

伊莎贝拉：我还要做两个（举起两只手，每只手都伸出两个手指头）。

金姆老师：两个。这是你的计划吗？

伊莎贝拉：是的。

金姆老师：这个计划真棒！（伊莎贝拉笑了）

事实上，在接下来的一个月里，伊莎贝拉真的又完成了两件马赛克拼画作品。当孩子回归到他们感兴趣的和他们喜欢的活动时，他们总是不自觉地在过去与现在之间建立联结，而学习故事常常能够捕捉兴趣的持续性，就像第四章中德维亚的学习成长档案里的故事所讲述的。

结束语

我们发现，我们可以把学习成长档案视为收藏"重要学习事件链"的文档。我们小时候经常会在重要活动时做拉花，我们也会为我们的孩子做，这些拉花给了我们启发，让我们联想到了"重要学习事件链"。不过，把它们视作"能够被重新探讨的链条"可能更贴切，因为，我们经常会在一段时间后重新识别被记录下来的活动里到底发生了什么，或者从不同读者的视角进行重新识别。一条"能够被重新探讨的学习事件链"所描述的是学习的连贯性：围绕一个看似相同或相似的主题、技能、心智倾向或文化活动所发生的持续性强化过程。那些熟悉孩子的教师们很容易就能从任何一个孩子的学习成长档案中识别出很多条孩子进行意义建构的链条，而教师们的评论让这些学习链条清晰可见（Giudici, Rinaldi and Krechevsky, 2001）。有时候，儿童感兴趣的主题并不是那么明显。金姆老师撰写的一个故事记录了她和托米尼克（Tominiko）之间的一次对话，这次对话可能很难被划归到某一条学习事件链中。但是，它能够说明学习成长档案是一份带有重要信息的具体材料，对托米尼克来说，这些信息是关于这个充满魅力的世界（这个幼儿园）的，以及在这个世界中所存在的各种可能性。对话是这样开始的。

> 今天上午，托米尼克和我一起坐在沙发上聊天。"金姆，你有男朋友吗？"他跟我说。"是的，我有。"我回答他，"他叫史蒂夫。""我知道，"托米尼克说，"我见过他。"我思考着他说的这句话，猜想着他可能在哪里见过史蒂夫。"噢，"我说，"你是在史蒂夫来幼儿园帮忙做烧烤的时候见过他的？""是的，他还在我的书里（也就是学习成长档案里）。你等着，我拿给你看。"他跑去寻找他的学习成长档案，然后开始跟我聊他非凡的拼图能力，他的蜘蛛侠故事——还有我的男朋友（他出现在教师们分享的假期生活的故事里）。

正如第一章所论述的，一段学习旅程经常是心智倾向和学科知识混合和融合的过程，而学习成长档案则能追踪记录有助于意义建构的心智倾向的发展和战胜学习特定领域技能和知识所带来挑战的过程。魔法盒 5.4 所记录的贝里的学习过程就是一个很好的例子。在 2001 年出版的《另一种评价：学习故事》里有一个概念非常有用，那就是"前台和背景"：有时候是某种倾向，有时候是某些知识，有时候是对一个机会的敏感会在"前台"清晰呈现。在第三章中，扎克掌握了如何写 STOP（停），并且识别出他是跟修路工地上的一块牌子学的。把这些混合和融合的过程记录下来给教师带来了挑战，因为学习和学习环境都是非常复杂的。埃德温·哈钦斯（Edwin Hutchins, 1996）介绍了"荒野里的认知"（cognition in the wild）这个概念，指的是在实验室以外的活动所具有的跨学科特性。我们在第二章中看到，参与哈佛大学零点项目的珀金斯及其同事把学习环境形容为充满"无数能让人用心参与，但又比较模糊、不太明了的时机"的"荒野"（Perkins, Tishman, Ritchhart, Donis and Andreade, 2000: 270）。冈萨雷斯、摩尔和阿曼提（Gonzalez, Moll and Amanti, 2005: 1）在对知识储备进行论述（参见第四章和第一章中的注释）时表达了这样一个观点："论据充分、论述清晰的分析只可能出现在将概念与杂乱的平凡生活联系在一起，并以某种方式记录下来之后。"他们说，"杂乱的平凡生活"指的就是"我们试图理解的日常实践，这些实践有时是生成的，可能与直觉背道而驰，有时又是难以理解的"。第六章会继续讨论连续性和复杂性，以及学习故事的最后一个主题和它的影响：学习者在所处的学习环境中运用一系列日益复杂的方式占有知识和发展有助于学习的心智倾向。

第六章
占有知识，发展有助于学习的心智倾向

> **魔法盒6.1**
>
> 我们注意到，凯拉常常坐在椅子上回顾她自己和其他孩子的学习成长档案。她每天都会看，经常拿着它到处走动。她最喜欢的是那把绿色的椅子。她的学习成长档案就好像能给她带来安慰的小毯子一样，不会离开她，她也会一直带着它……我们还注意到凯拉会借助自己的学习成长档案与他人交流，包括来参观的人。她常常通过身体姿态和其他方式帮助我们弄明白她试图用有限的词汇表达的内容。
>
> ——希尔玛（Thelma）老师对刚满四岁的凯拉做出的评论

本章是建立在前几章讨论基础上的，我们会深入探讨学习者所运用的多种占有知识并发展心智倾向的方式，以及用学习故事记录和支持学习者占有知识并发展心智倾向这一复杂任务的多种方式。使用"占有"这个词是基于沃茨对这个词的界定（在第一章中有详细阐述），即把一些东西变成自己的。在第一章中，我们也用纳西尔及其同事的话"用特定的方式理解、再现、评估和适应这个世界"来解释"运用一系列日益复杂的方式占有知识和发展有助于学习的心智倾向"这一论点。第四章描述了学习故事和学习成长档案在不同场所、地区或社会记录和建构学习者的学习旅程时所扮演的角色。而这一章讨论的则是运用各种各样的沟通、意义建构、概念化和呈现的方法和语言[①]来记录和建构学习的旅程。凯里·朱伊特（Carey Jewitt, 2008）就多种方

---

① 此处英语原文即为斜体字。——译者注

式呈现和"混合与再造"间的联系做出了如下评论。

> 多种方式呈现和全球化之间有着紧密的联系，它为混合与再造资源种类和形式提供了新的基础，以创造出新的全球化和商业化进程。反之，这些混合与再造的过程和产物也会在职场、社区和机构中不断被个性化、被占有、被再造。（p. 243）……多种方式呈现能够关注到意义在不同情境中通过图像、姿势、眼神、身体动作、声音、文字、音乐和言语等途径进行建构的过程。从一个多种方式呈现的视角来看，图像和行动等介质就是不同的方式，是有助于建构意义的有序的符号资源。（p. 246）

在第三章里，托比表示："我是一个动脑的天才和动手的天才。"我们也注意到赞布、艾玛和泰山的故事始于绘画和搭积木。学习不是去完成某一个发展阶段。从社会文化理论视角来看，学习是发展一套让你终身受用的方法和实践，正如西摩·佩珀特（Seymour Papert, 1993: 151）在论述"具体形象思维是在姿势、行动、舞蹈、绘画和搭建中得以表达的"这一观点时所说的："儿童是这样做的，太平洋地区和非洲村庄里的人们是这样做的，很多居住在巴黎和日内瓦的有教养的人也是这样做的。"这些方法从儿童时期就开始发展了，随之发展的还有人们所喜欢的并能够驱动他们运用这些方法的心智倾向，而人们对这些方法有效性的认知也会得到发展。《另一种评价：学习故事》（Carr, 2001a）就引用了佩珀特（Papert, 1980, 1993）早期有关电脑和教育的研究来论证这些观点。

> 佩珀特（1993）强调的是行动和"具体形象性"，并且批评了他称之为"违背常理地承诺在学校里会让（儿童）尽快从具体形象思维发展到抽象形式思维"（p.143）这一现象。他用"正式的方法是随时可以用的，而不是高高在上遥不可及的"这句话完美地总结了他的观点。

在这一章中，我们将阐述学习故事是如何通过两种方式影响学习旅程的呈现方式。第一种方式是，识别在过去的十年间信息技术高速发展所带来的意义建构、概念化和呈现的方式，并思考学习故事可以如何紧跟信息技术发展的脚步。第二种方式是，认识到学习事件是能够被重新探讨的，并深入解读在对这些事件进行的描述中哪种方法和语言（从最广义的层面看）最为突出，在这些事件里，哪些教师、研究者和家长感兴趣的焦点被注意到了、被识别了并得到了回应。

意义建构、概念化和呈现的新方式

现今，学习故事通过三种途径融进了新的数字技术：改变学习故事撰写的方式，追踪儿童学习使用信息通信技术的旅程，强调图像式思维的价值。

改变学习故事撰写的方式

伴随着学习故事逐步发展的是信息通信技术的第一轮迅猛发展，这些新的信息通信技术是收集信息和记录儿童学习的便利工具。我们两位作者至今都还记得在研究学习故事的初期阶段使用宝丽来相机时的兴奋之情，我们也意识到信息通信技术正在改变我们收集和处理信息的方式，也在改变我们思考和写作的方式。《另一种评价：学习故事》（Carr, 2001a）和本书的区别就能说明这一点。在本书中，我们能够借助彩色照片来说明我们的观点，照片在讲故事过程中起了很重要的作用。对于学习故事来说也是如此。在 2001 年的专著中，在"多种评价格式"这一章节里有很多实例，这些故事都是手写在一张预先设计好的表格里，把照片插入这些表格是有很大难度的，常常要在事情发生后很久才能完成——因为需要先把底片送去冲洗。现在的学习故事通常都会出现很多照片。阅读这样的故事感觉是不一样的。教师把照片做成幻灯片存入 DVD 里，有时还会插入音效——音乐或评论——这些 DVD 会放入儿童的学习成长档案中。内森（Nathan）的学习成长档案中就放入了记录他游戏时刻的幻灯片，内森可以在幼儿园和家里随时回顾这些照片。看他的老师简（Jane）是怎样说的。

> 看着内森的这个幻灯片让我意识到，制作这个幻灯片的过程也

是一种回顾。我们把这些照片按顺序排好，让内森看幻灯片。当他在讲述每一张照片上发生的事情时，他说他还想要再做一次这件事。这也被记录了下来，每一次回顾这些幻灯片也是在提醒他自己做了什么，哪件事情他还想再做一次。有的时候，这能促使他再做一次曾经做过的事情。

十年前，温迪·李、凯伦·拉姆齐（Karen Ramsey）和安·阿特利（Ann Hatherly）作了如下评论。

> 我们很感兴趣的一个领域……就是信息通信技术如何辅助教师进行记录……数字化的视频、相机和电脑，这些工具的使用是让记录和课程更易于呈现和获取的关键，特别是对儿童和家长来说。当学习故事收入的照片是一系列反映"正在进行中的工作"，而不是给成品拍一张"留念"照片时，信息通信技术就更能体现它的强大优势了。（Lee, Hatherly and Ramsey, 2002: 10）

凯伦老师讲述了一个关于幼儿园数字化和评价实践间联系的故事（见Carr, Hatherly, Lee and Ramsey, 2003）。

> 2001年第一学期——去年，我们在记录儿童学习的过程中使用了很多照片。这就意味着，儿童的学习故事对他们也有实际意义了，他们能够回顾并与他们的朋友分享自己的经验——这是口头表达、视觉表达和书写的强大动力。对于儿童的家庭来说，照片的力量也非常强大，特别是对于母语不是英语的家庭来说。第四学期，我一直在说服理事会，让他们了解我们真的很需要一台数码相机。（p. 199）

凯伦老师的幼儿园进行了一次大规模的车库展卖会（Monster Garage

sale），筹到了买一部数码相机需要的资金。但是，那时候我们幼儿园里还没有电脑。在第二学期，他们申请作为实验基地，加入一个研究电脑在幼儿园存在的可能性的科研项目。他们被选上了。于是在 2001 年的第二学期，凯伦作了如下记录。

> 去年，我们很努力地发展我们的评价体系，我们非常热衷于记录儿童的学习。拥有一台电脑和一部数码相机意味着我们能够将我们的评价体系提升到一个新的高度。（p. 200）

第四章里就包含到达了"新高度"的评价实践：德维亚设计庙宇（见学习故事 4.8）讲的就是他在网上找到的图片给他的积木搭建所带来的启发。德维亚的学习成长档案里还有一张收录了他学习情况和作品的 DVD，而学习故事也被作为墙面展示和演示文稿，让其他孩子能够和他一起回顾并制订进一步学习的计划。这里收入了德维亚的另一个故事《印度教寺庙》（见学习故事 6.1）。故事讲述的是在共同观看介绍一个坐落在英国的印度教寺庙的 DVD 时，德维亚是如何跟其他孩子解释和分享他的想法的。随后，德维亚又根据自己在屏幕上看到的寺庙画画。

学习故事 6.1

印度教寺庙

撰写：凯伦老师　　　　　　11 月 24 日

跟德维亚分享这张关于印度教寺庙的 DVD 的想法，我已经考虑了一段时间了。这是我在英国旅行时去过的一个寺庙。科伦（Kellen）和伊莎贝拉也加入了，我们一起坐下来，怀着期待的心情准备看看 DVD 里到底有什么。

自从我把自己所拍的寺庙照片跟德维亚分享后，他就非常期待看看这个印度教寺庙里面是什么样的。他特别想知道庙里的神像是什么样的。我们浏览了这个印度教寺庙的网站好几次,也看过里面供奉的神像照片,但还是没有真正看到这些神像在庙里是什么样的。

当屏幕上出现了第一个图像时,德维亚的眼睛就发亮了,非常兴奋。他听到了诵经声。当看到神像出现时,他鞠躬致敬。旁白声响起,我们聆听了建造寺庙过程中发生的故事。听故事的时候,德维亚跟他的朋友解释并分享他的观点和想法。

德维亚经常赞美寺庙和神像的美丽。看到克利须那神时,他特别高兴。

当DVD快要结束时,德维亚不见了,过了一会儿,他拿着纸和笔回来了。他再一次坐下来,开始画画,完全沉浸在他所做的事情中。

  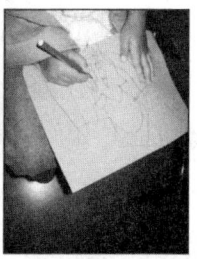

朋友们来了又走,而德维亚依然在画他的寺庙。当DVD放完后,他要求再看一遍,把自己画的庙宇和屏幕上的寺庙画面进行比对。

德维亚画完了,他解释道,第一张画得太小了,装不下寺庙里的神像,所以他就把纸翻了过来,在背面重新画了一张。

德维亚解释说,这张画的是刚开始建造的

寺庙,而下面这张画的是完工后在寺庙揭幕庆典上看到的样子。

DVD放了一个上午,而德维亚也一直在那画了一上午。

我认为在德维亚身上发生了什么样的学习?

我们都知道德维亚喜欢画画,特别喜欢画他所了解的印度教里的神灵。我可以说,德维亚每天都会画画,而且愿意把他的想法和他的朋友及老师分享。当我有机会去参观英国尼德森地区的印度教寺庙时,我首先想到的就是德维亚和他酷爱的东西。这激发了我学习和了解更多印度教知识的欲望。

这张印度教寺庙的DVD加深了我们对这方面的认识,也给德维亚经常问到的一些问题提供了答案,如寺庙里面是什么样的?

当德维亚想要画他所看到的东西时,我一点都不觉得惊讶。我好奇的是,他决定在他的画里表达些什么。德维亚的画很复杂,有很多特别棒的细节。这告诉我,对于他所看到的,他是进行了深入思考的,他也有把自己看到和想到的通过绘画表现出来的自信。他还在评估自己的作品,有时候会决定重画一次。

德维亚还在绘画过程中探究一些数学概念,例如大小、对称和图案。德维亚可以画出二维或三维的画面,有时这两种风格都会在他的画中出现。

德维亚还在继续发展他的想法、理论和做他酷爱的事情,我期待着听到更多德维亚的故事。

追踪儿童的学习旅程

现在,即便是年龄很小的孩子也在与教师合作撰写学习故事,他们拍照片,口述故事内容,制作演示文稿、图书和视频(Carr, Lee and Jones, 2009: 20)。在印度教寺庙这个故事里,德维亚将电脑上的画面和绘画结合在一起,而儿童运用信息通信技术的学习过程也会被作为"学习事件链",收入他们的学习成长档案里。这里有一个故事《工作中的摄影师》,是收录在《儿童学习评价实例》丛书中的故事(Carr, Lee and Jones, 2009, 20: 18–19)。故事的主角是妮莎(Nissa),她决定要把一个学习事件作为一个集体的学习故事记录下来,就像教师们经常做的那样(见魔法盒6.2)。

魔法盒 6.2

罗宾老师和几个孩子应某个孩子的要求在一起做小甜饼。罗宾老师作了以下记录。

我想要拍一些照片,可是我不能,因为我正忙得腾不出手来。我抬头看了一眼,看到了妮莎,她手里拿着照相机,准备拍照了。她开始拍照了,我非常高兴,想着可能是简老师请她来帮我们记录制作过程的。但是简老师看上去也很惊讶,说她并没有让妮莎拿相机来拍照记录。惊讶之余,我意识到,是妮莎自己去拿了相机来拍照的。她调着焦距,按着快门,确保她不仅拍到了人,还拍到了制作过程。她从各种角度拍摄,我再也不用担心拍照这件事儿,因为我相信她,她会记录下这个过程,她也做到了。谢谢,妮莎!

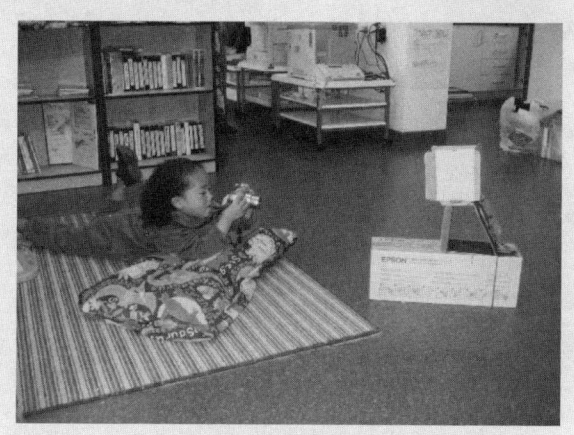

几天后,罗宾老师又注意到妮莎在记录她自己建造的房子。

强调图像式思维的价值

巩特尔·克雷斯(Gunther Kress, 2003)在他的著作《新媒体时代的文学》(*Literacy in the new media age*)中指出,"被讲述的世界"与"被描绘和被展示的世界"是不一样的。他作了如下论述。

新的阅读形式,也就是说当文本是在"展示世界"而不是"讲述世界"时,会影响意义建构者和意义再建构者(作家和读者、画

第六章 占有知识，发展有助于学习的心智倾向 137

面创造者和观众）之间的关系。

我们可能会说，学习故事跨越了这两个世界：学习故事里有一个被讲述的世界——讲述一个故事、使用一些文字，也包括一个被描绘和被展示的世界——照片、演示文稿、幻灯片和DVD。一条学习事件链中的那些"主题"常常在强化一个或多个以图像方式呈现或概念化的思考，例如绘画或三维搭建。在露西和伊丽莎白用胶带搭建了一座大桥后（见第三章中的学习故事3.9《搭建一座黏糊糊的大桥》），露西又用泥捏了一座桥，老师拍照记录下来了。这个事件也就成了讲述露西是如何形成一套三维搭建方法的系列故事中的一个情节。

杰西拍的一些照片也被收录在这里，它们是老师口中的系列"照片式剪贴画"中的一部分。玛丽安老师在学习故事中对杰西的作品作了如下评论。

当我和你一起下载照片时，我发现这些彩色平衡木照片很有趣。这让我想起了你以前拍的一些马赛克小砖照片，我觉得这些照片表

138　学习故事与早期教育：建构学习者的形象

达了你对细节和设计的兴趣。你拍这些积木的视角也是从上往下的，拍到了你的脚，这也给照片加入了有趣的一面。

乔·考伯特（Jo Colbert）老师成了新西兰教育部资助的某个研究项目的第一位网上研究员（e-Fellow），这让她得以用一个学期的时间在一个早期教育机构中探究电脑和互联网学习（e-learning）这个主题。当她看到儿童能够不用书写就记录下一个故事时，她开始对重新界定"读写能力"会带来的启发和可能性感兴趣。她想用一种真实的方式将读写能力与儿童的生活编织在一起。她与五个四岁的儿童及教师们一起探究了运用信息通信技术来激发儿童讲故事兴趣的方法。卡斯帕（Casper）是其中一个孩子，他用 KidPix[①]制作了一个幻灯片，他也很快就学会了在 iMovie[②] 里添加照片。乔老师是这样记录的。

> 六月中旬，我向幼儿园的孩子们介绍了一个可以插在电脑上的麦克风。卡斯帕想要试用这个麦克风，问我他是否可以唱一首歌。他非常喜欢各种有趣的声音和自创的单词。用这个麦克风可以记录下很多这样的声音和单词，并把它们与自己所唱歌曲的歌词穿插在一起。（Colbert，2006：3）

另一位老师纳丁（Nadine）在一个学习故事中记录了整个过程："又过了一周，卡斯帕问是否可以对着麦克风讲故事，我说'可以呀'，可还没等我把笔记本电脑拿出来，他已经打开了 GarageBand，还选好了一个音轨以录制他讲的故事。"（Colbert, 2006: 3）。在一个关于波波先生（Mr Boing Boing）的故事里，卡斯帕讲述了自己的版本，加入了一些鼓声和他自己画的画（他把自己的画转拍成了照片）。然后，他把这些素材制作成了一个视频带回了家。

学习事件链能够被重新探讨并深入解读

意大利北部的瑞吉欧·艾米莉亚幼儿教育把符号系统形容为意义建构和沟通的"一百种语言"。卡丽娜·里纳尔迪认为我们需要倾听"成千上万

---

① 儿童在电脑上绘画的程序。——译者注
② 儿童在电脑上编辑视频的程序。——译者注

种用来表达想法并进行沟通的语言、符号和密码,而生活自身也在表达,在和那些懂得如何倾听的人沟通"(Carlina Rinaldi, 2006: 65)。我们也受惠于瑞吉欧儿童①、瑞吉欧的幼教同人们以及他们与哈佛大学零点计划合作进行的研究,他们用各种有意义和令人惊叹的方式让学习直观可见(Giudici, Rinaldi and Krechevsky, 2001)。②

在这一章里,我们介绍了凯拉的故事,她正在发展许多种帮助她建构意义和沟通的语言。我们思考的是,作为具体的材料,学习成长档案和学习故事能够如何记录和支持学习。同时,在一个幼教中心里,儿童对某个事物不断增长的专业知识和好奇心能够如何通过多种多样的方式和"语言"让大家

---

① 这是一个由瑞吉欧·艾米莉亚市政府设立的、处理瑞吉欧市立学校和世界其他国家间关系的组织。——译者注

② 卡丽娜·里纳尔迪的文章、演讲和访谈收录在 2006 年出版的《对话瑞吉欧:聆听、研究和学习》(*In dialogue with Reggio Emillia*)一书中。瑞吉欧幼儿教育的理论和实践在很多层面上都与位于南太平洋地区的双文化国家即新西兰的儿童学习评价体系(学习故事)存在共鸣。在这里,我们说到了三个方面的共鸣:记录的力量;儿童是有能力的和坚强的;儿童用多种方法——"儿童的一百种语言"——建构意义时所表现出来的兴趣和兴奋。在对记录和评价进行论述的章节里,里纳尔迪(2006)强调了记录的价值,它"是回忆的工具,也使反思成为可能"(p.63)。她说,在瑞吉欧·艾米莉亚的学校里,记录(视频和音频记录、文字记录)被收集在一起,有时候会进行分类,然后用于再次阅读、回顾和重新建构经验。她作了如下补充。

事实上,我认为记录刻画了我们教育经验中的一个重要目标:对意义的探究,即发现学校的意义,或者说建构学校的意义。那就是,学校是一个在儿童和我们自己探究意义(和共享的意义)的过程中起着重要作用的地方。

儿童生来就要去探究生命的意义和自己在生命中的意义,这些意义也是儿童渴望体会到的。这就是为什么我们会说,儿童是有能力的、坚强的,是一个有权利去憧憬和有权利被重视的儿童,而不是一个被预先定义为脆弱、贫乏和没有能力的儿童。这一章是有关"分配式"学习的,关于这个主题,加维尔·所罗门在 1993 年编辑出版的著作 *Distributed cognitions: Psychological and educational considerations* 最有影响。近年来,与信息通信技术有关的研究独领风骚,但是瑞吉欧·艾米莉亚的经验让我们重新关注儿童在早期教育阶段发展的其他非常重要的语言。这些语言常常是"具体的",如搭建的东西和绘画,正如佩珀特所说,这些方式是能够让我们终身受用并帮助我们建构意义的方式,而这不仅仅是对小朋友们而言的。1998 年,凯罗琳·爱德华兹(Carolyn Edwards)、莱拉·甘迪尼(Lella Gandini)和乔治·福曼(George Forman)把瑞吉欧·艾米莉亚的一些学习项目收集在一起,以"儿童的一百种语言"为名展出。这个名字是由劳瑞兹·马拉古奇(Loris Malaguzzi)起的,它强调瑞吉欧孩子们建构意义的一系列方式。

第六章　占有知识，发展有助于学习的心智倾向

都能接收到。凯拉上小学的前一年，她的语言发展是在她了解和讨论库露图案、毛利图案文身和毛利文化知识的过程中通过多种方式实现的，包括口头语言、图片和照片（在她的学习成长档案里、图书、网页和墙面展示中），具有重大历史和文化内涵的雕刻、人体、图片、绘画、文学作品、泥塑和合作搭建中看到的毛利图案文身。同时，教师们还提供了很多能够证明她变得越来越自信、好奇、活泼、坚毅、社会化和有兴趣进行探究的实例。希尔玛老师的记录表明，凯拉的这个兴趣最初是在一个纪念1840年毛利人和英国女皇签订和平条约（Te Tiriti o Waitangi/ 怀唐伊条约）的庆典活动上显示出来的。

纪念怀唐伊条约签订的庆典上来了很多客人，在这些客人中，拉里（Laurie）是非常引人注目的，因为他身上的文身，也因为他很活跃。凯拉坐在那里盯着他的文身看了近20分钟，对于凯拉来说，这是一连串转变的开始……接下来的几个月里，凯拉从一个独自学习者，移动到了我们这个学习者共同体的中心位置，从边缘到了中心。在几个星期中看到这样的变化真是太让人高兴了。凯拉在发展她的好奇心和对知识的渴望。她越来越活泼，其他孩子找到她，想向她学习她所习得的知识和专门技能。……她成了一个专家，不仅是画库露图案的专家，还是一个有关图书、互联网，画其他毛利图案、毛利人聚会祠堂、拼图的专家。她把毛利图案文身和她妈妈的文身联系在一起，并把拉里的文身图案和毛利雕刻上的图案联系在一起。因为她的坚持，她的动手能力、语言能力和社会性交往能力都越来越强了。其他孩子也发现了这点，开始从她不断发展的知识储备中寻求她的帮助。……现在她已经是一个能够促进其他孩子学习的人了。（希尔玛老师）

魔法盒 6.3 中的故事摘自希尔玛老师和胡安娜（Huhana）老师为凯拉写的学习故事和反思。

> **魔法盒 6.3**
>
> ### 凯拉的故事
>
> 摘自希尔玛老师和胡安娜老师写的学习故事和反思。
>
> 11 月，口头语言。我们发现她的语言有了很大的进步，发音和表述都非常清晰。我们在猜想，是不是经常回顾自己的学习成长档案支持了她的语言发展呢？很明显，回顾学习成长档案丰富了她的词汇，而这种常规式的反复回顾也给了她信心。我们还在猜想，回顾学习会不会对凯拉的自我身份认知、认知方式、存在方式和做事方式有所促进呢？那么反复回顾呢，它又起了什么作用呢？在所有孩子中，凯拉是最经常翻看学习成长档案的孩子，不仅看她自己的，还看其他孩子的和墙面上的展示。我们能不能说这确立了她在我们这个学习者共同体里的位置，并让她的自信心不断增强了呢？
>
> 第二年 2 月，库露图案和毛利图案文身。《着迷》这个学习故事记录了凯拉最初对毛利图案文身的兴趣。接下来一周，凯拉经常翻看这个故事中的照片。
>
> 3 月，照片。市长来我们幼儿园参观，凯拉跟他分享了自己的学习成长档案。教师用照片记录了这一时刻，并在假期里把这张照片钉在了墙上。假期后，她回到了幼儿园，一个男孩把她叫过去看照片。后来，希尔玛老师评论道："这是一个很特别的时刻，因为这个男孩通常不会和凯拉互动的。"
>
>
>
> 4 月，绘画和参考图书。凯拉开始画毛利文身图案："看我画的库露。"胡安娜老师评论道："这之前，

她对笔一点也不感兴趣，她总是坐在幼儿园不同的角落里观察。因此，这是一次真正的突破。现在，她想要用笔了，而且是一种特别的笔。"希尔玛老师说："用一支红色的笔来画红色的设计图……从这里开始，她继而转向制作面具，因为在一本书里有一个雕刻作品，她设计的图案就和它的形状一样。"

4月和5月，制作面具、画画和泥工。凯拉加入其他孩子的行列开始制作面具，面具上画有毛利文身图案。他们还合作在墙上画了以库露为主题的画。他们的画在墙上保留下来了。后来，孩子们还常常往画上添加内容。凯拉的泥工作品中以及与其他孩子合作的绘画中都用了库露图案。

6月中旬，参考图书和拼图。凯拉在一本书中找到了一张毛利人聚会祠堂的图片，图上有毛利文身图案。"看，聚会的房子！我们有一个拼图就是这样的！"凯拉说。他们找到了拼图。她还故意测试一位老师，看看她是不是知道这些图案的名称，然后用毛利语重复。胡安娜老师就此写了一个学习故事（包括了六张照片）。

6月底，雕刻中的图案。还有一个学习故事是有关老师和孩子们一起去参观附近一所大学里的毛利人聚会祠堂的。希尔玛老师在故事里评论道，凯拉非常兴奋，我们不知道她会不会把她对毛利文身图案和库露

图案的兴趣与聚会祠堂联系起来。凯拉开始探究墙上的雕刻，立刻就指给我看雕刻中的库露图案。"看，库露。"她带着笑容继续参观聚会祠堂，对墙上的雕刻尤其关注。

6月底音乐和节奏。在对这个故事进行反思的时候，希尔玛老师补充道："与有棱角的图案相比，凯拉似乎对圆形的图案更感兴趣，而库露图案就是这样的，比较流畅和有节奏感。"希尔玛老师猜想，凯拉对使用毛利语越来越自信，会不会是因为毛利语是一种乐感和节奏感很强的语言呢？希尔玛老师也注意到凯拉很喜欢音乐和唱歌。

6月底，读写。希尔玛老师的反思："库露图案和螺旋形图案也和凯拉的读写能力联系在一起了。通过画这些图案，凯拉开始对书写字母感兴趣了，开始写自己名字中的第一个字母了。"她指给我看字母"e"，说它很像库露，尽管她并不知道这个字母怎么念。我在想，等凯拉上小学了，她还会不会把读写和她的艺术创作联系在一起呢？很显然，她已经做好这方面的准备了。这个

学习故事中插入了五张照片。

　　7月，合作绘画和搭建。一个带有五张照片的学习故事记录了凯拉和其他孩子一起在长条形卡纸上画毛利房子屋椽图案的事件，这是一个合作绘画项目的一部分。胡安娜老师撰写了这个故事，并用她的反思作为故事的结尾："我不知道，是不是凯拉自己主导的探究活动让她得以突破对自己和自己能力的不确定。我注意到，她的学习成长档案并没有在她身边，而学习成长档案曾经是她经常会翻看的东西。或许，在她发现毛利文身图案之前，学习成长档案是她唯一的知识来源？"

　　这里有好几条学习事件链：口头语言发展是她的语言治疗师最感兴趣的学习事件链，而其他学习事件链与她对库露和毛利文身图案不断增加的兴趣及认知有关，她把这些图案与不同的图案出处联系在一起，指出它们之间的相似和差异。她画的画也越来越精细。她还用泥塑来表现同一个主题。她与同伴的合作也越来越舒服自在。这些学习事件链很难被一一解开，也正是因为这些学习事件链随着时间发展不断互相缠绕，才得以描述不断发展着的一个学习者的形象。

　　与"互相缠绕"这个说法相关的是由克里斯·莱珀（Chris Lepper）、丹

学习故事与早期教育：建构学习者的形象

尼斯·威廉姆森（Denise Williamson）和乔伊·卡伦（Joy Cullen）领导的一个研究课题，参加课题的一些专家共同回顾了两个有特殊学习需要儿童的学习成长档案里的学习故事。专科医生、教育支持人员和家庭成员各自强调的是不同的"语言"学习故事让重大的学习事件链互相缠绕在一起，而研究人员所关心的是学习故事是否能同所有的专家"交谈"。他们感兴趣的是以下内容。

> 探究学习故事作为评价的工具如何支持实践共同体发展。所有参与这个实践共同体的人都与一个有特殊且复杂需求的孩子一起工作，这些人包括幼儿教师、特殊教育人员、医院的治疗师、家长和教育支持人员。（Lepper, Williamson and Cullen, 2003: 20）

有一位家长针对评价她孩子的"不同的语言"作了如下评论。

> 如果从一开始用的就是学习故事，那么我们就不会因为专家们各自的专业语言而困扰了。在学习故事里，所有人都好像站在一个公平竞争的赛场上那样。（p. 20）

莱珀、威廉姆森和卡伦（p. 22）写道："运用一个共享的'评价/计划'工具能通过鼓励大家使用同一种语言、鼓励团队间的互相支持来促进实践共同体的发展。"语言治疗师能从专业角度分析出一个与叙事能力有关的学习故事。她说，她从那些发生在日常生活情境中的学习故事里了解到了这个孩子功能性语言的使用情况。这个研究的样本很小（只有两个儿童），但是它提出了一些很有意思的问题，这些问题与为有复杂特殊需求的儿童提供以学习故事为中介的更为整合式的教育的可能性有关。这些机会包括尝试解开不同兴趣链，同时又能够让这些融合了不同学科内容的故事为儿童和家长所用。新西兰教育部的出版部门在继续着这方面的探究，并出版了一些专门为有特殊学习需求的学习者所做的叙事性评价实例（Ministry of Education，2009b）。

结束语

这一章论述了学习故事识别和记录学习者占有知识和发展有助于学习的心智倾向的复杂方式，也强调了学习故事回应 21 世纪数字化革命的方式。数字技术改变了学习故事的撰写方式，改变了我们沟通的方式和"读写"的方式。这一章强调了学习在不同语言和资源的启发网络中的分配，我们可以称之为"分配式认知"（distributed cognitions，Salomon，1993）或"分配式智能"（distributed intelligence，Perkins，1993: 89）。身边的可用资源和多种语言系统是思考和沟通不可分割的部分，减少了儿童需要去记忆和理解的"认知内容"。珀金斯用"个人+"（person-plus）这种表达方式来指个人加上他或她身边的资源，而在第一章中我们也读到了沃茨有关"受中介工具影响而行动着的个体（许多个体）"的论述。沃茨还说道："关注受到中介影响的行动以及在行动中所使用的文化工具，让'在中间生活'成为可能，也让解读行动、权力和权威的文化情境性成为可能。"（Wertsch，1998: 65）

凯拉的故事说明，收录学习故事的学习成长档案是一个中介工具，促进她发展专长，帮助她建构作为学习者的自我身份认知———一个拥有同伴所敬佩的专长的学习者。布朗及其同事论述了某一个教室里的"分配式专长"，在这个教室里，儿童选择自己感兴趣的主题，并成为班里的"常驻专家"（Brown, Ash, Rutherford, Nakagawa, Gordon and Campione, 1993: 202）。凯拉的老师也注意到"其他孩子找到她，想向她学习她所习得的知识和专门技能"。

从第三章到这一章，我们论述了学习故事（作为评价方式）的主题和结果、机会和启发，以及用叙事性评价方式来建构和强化学习者的自我身份认知。在第七章中，我们将把焦点从学习事件和学习事件链上移开，在一个更大的视野里讨论一些与平衡和发展有关的论点。

第七章
重新定义评价

> **魔法盒 7.1**
>
> 在思考我们该如何评价关键能力的时候，我们需要转变观念。你不能在"我是一个有爱心的公民""我参与并做出贡献了""我是一个思想者"这些指标旁打钩。"打钩"这种评价方式并不适用于评价关键能力，因为关键能力是我们一生都要发展的品质和心智倾向，尽管我已经是一个成人了，但是我到现在还在发展我作为一个思想者的品质。因此，教师需要转变观念，不要再认为评价就是打钩。那更好的评价方式是什么样的呢？我们怎样才能呈现各种关键能力的发展呢？在这方面，学习故事就非常强大了……当然，在我看来，学习故事其实就是通过实例来促进成长，分享自己正在做的事情，分享自己所热爱的和满怀热情去做的事情。
>
> ——小学校长盖里（Gary），摘自即将出版的由戴维斯等（Davis, Carr, Wright and Peters）合著的书

盖里主张的是，当我们想要通过评价帮助学习者建构自我身份认知——作为一个有爱心的公民和一个思想者——并强化那些"我们一生都要发展的心智倾向"时，我们需要重新定义评价。学习故事试图捕捉学习中的这些方面，同时为教师和学习者共同建构学习旅程和学习路径提供载体。在本章中，我们将重点讨论在本书中不断被提到的两类学习成果（即知识库和心智倾向

150　学习故事与早期教育：建构学习者的形象

库的复杂混合），以及用来描述形成性评价体系——学习故事所产生的结果的四大主题。最后，我们建议将四大主题中的每一个主题都视为一个"寻求平衡的过程"，它们能再现学习者在一个方面的成长和进步。在本章中，我们还提出设计一种关注学习者身份认知的评价实践需要遵循的四大原则，并简单介绍了引发我们进一步思考的第五个主题或维度。

知识库和心智倾向库的复杂混合

　　本书的每一章都强调了"内容性"知识（的发展和运用）和"心智倾向性"知识（的发展和运用）之间相互依存的关系，我们在第一章和表 4.1 的八个实例中对这种相互依存关系进行了介绍。凯娅对手工制作和布料的兴趣与她表现出来的能调整与使用现有材料的心智倾向结合在一起了。学习故事记录了戴安娜对毛利语和空手道不断深入的理解；同时，她在参与学校提供的主题式工作坊时收获的积极的教育体验支持了她发展"尝试做新的事情"这一心智倾向。赞布呈现的是科学家这一形象。在他身上，一整套的专门知识和技能（对鱼类的了解、分类的能力、与鱼类行为有关的信息并用科学语言来谈论它们）是与他的专注、说明、类推和用感官探究的能力一起发展的，同时发展的还有创新地运用现有测量工具进行测量、与其他情境进行联结的策略。后来，他在对另外一个科学项目进行探究的过程中运用了一些有助于建构意义的策略，而这个项目并没有那么多动手探究的机会（火山）。

　　德维亚的老师记录了他对寺庙和神灵的热情以及他在这方面的专门知识，也包括支持他用一系列方法表达他心中想法的心智倾向。对于朗逸塔胡莉、奥皮拉纳和自由儿童毛利语幼教中心的孩子们来说，伴随他们学习与花园有关实践知识的，是他们浸润在这个毛利语幼教中心里所体验到的反映毛利文化哲学和价值观的认知方式。对伊曼纽尔而言，启发他"跨越边界"的介质（野生动物玩具）让他渐渐地能够与他人沟通，并参与小组活动。莎琳-布鲁画画技能的发展后来支持了她同理心、关爱这些心智倾向的发展。凯拉的学习旅程记录了她对毛利文身图案不断增强和增长的兴趣和专门知识，这些是和她在社会环境中不断增长的自信交织在一起的。正是那些呈现了她所拥有的专门知识的故事和照片——以及插入了某个学习故事的她与市长分享自己学习成长档案的照片——打开了让其他孩子接纳她的大门。在每一个孩子身上，我们都可以看到学习环境和评价实践在他们的学习过程中所扮演的重要角色。

本书重点强调的是教师和学习者收集能够证明学习是知识和心智倾向复杂混合过程的证据，然后利用这些证据对学习者的学习进行评价，并进一步支持学习者的学习。故事忠实地反映了学科知识和心智倾向之间的紧密关系。不过，即便是以学科知识为主的学习也常常会用一种类似于"散文式描述"的复杂方式与启发性的环境联系在一起。在讨论一位五年级数学教师的教学实践时，莫斯（Moss）给我们展示了如何用一种"散文式描述"的方式向家长报告学生的数学学习过程。莫斯引用的实例摘自玛格达莱尼·兰帕特老师（Magdalene Lampert）在2001年出版的一本书，写的是她自己教学的故事。莫斯（Moss, 2008: 252）针对这位教师向家长报告的方式做出了评价："我们看到了兰帕特老师是如何向家长报告孩子的进步的——用散文的方式来描述孩子们做到了哪些，还需要在哪些方面努力——这样做是为了呈现孩子在数学方面学习的复杂性，而成绩是无法呈现出这种复杂性的。"

我们认为学习故事能够捕捉的是：学科知识和心智倾向、为未来的学习提供线索的学习环境、评价在学习旅程中的位置，以及学习经验的社会性、认知和情感维度。同时，学习故事又能够让儿童和学生发展自我评价能力和对自己学习进行反思的能力。学习故事还是读写工具。

四大主题

本书前面四章描述了学习故事会产生的四大结果，也因此论述了用叙事的方式进行教育评价的目的。学习故事回应了以下的需求和挑战：合作创建课程和评价，并把部分学习掌控权交给学习者（第三章）；与教室外面的广大社区建立联结,鼓励与家庭间建立互动互惠的关系(第四章);随着时间推移对学习旅程和学习的连续性进行识别(第五章);占有一套学习实践体系,在这套学习实践体系中,学习事件被分配到许多种语言中和意义建构的方式中(第六章)。在一套有关小学使用学习故事的DVD中(Davis, Carr, Wright and Peters,即将出版),盖里校长在参加一个专业发展工作坊时说起了他写的第一篇学习故事。这个故事是关于9岁男孩雷蒙德(Raymond)的。盖里校长注意到了这个重要的学习事件。盖里校长避免从"他们是有缺陷的"这个视角来撰写学习故事。他视这个故事为学习旅程中的一个事件——就这个特定的故事而言,这段旅程指向的是成为一个有爱心的公民。于是,这个学习故事就成了对雷蒙德某个可能形成的自我进行的公开肯定,这对雷蒙德和他奶奶都有重要意义。

> 当我和雷蒙德一起坐下来交谈时,我跟他分享了我写的这个故事。他把这个故事带回了家。几天后,我在学校里碰到了他的奶奶。她走到我跟前,开始跟我谈论学习故事。她说雷蒙德认为这个故事非常棒,他非常自豪。她说,这个故事被贴在了家里的冰箱上。从一开始我就认为学习故事有这种吸引儿童投入到学习中去的强大力量。我想,如果我能让雷蒙德投入到学习中,那我就能让大多数儿童投入其中。(与盖里校长的访谈,Davis, Carr, Wright and Peters,即将出版)

在对雷蒙德进行的访谈中,他也对此做出了评论:"看到这些,我奶奶非常高兴,我以前从来没有这样做过,所以她非常高兴。我对自己也非常满意。"后来,他开始写他自己的学习故事。他说:"我喜欢它们,因为它能让你表达自己的感受。"在这里,本书中提到学习故事会产生的三个结果都得到了佐证:主体能动性、与家庭建立联结和连续性。雷蒙德也提醒我们要关注学习中的感情因素,这些感情因素也隐藏在围绕心智倾向展开的讨论中。

平衡目标、兴趣和实践

形成性评价的目的是给学习者和他们的家人提供反馈，这些反馈体现了讨论和记录、参与和具体化之间的平衡（Cowie and Carr, 2004: 106）。本书中的每一个主题都对应了一个寻求平衡的过程。

- 在对话中（自己）创作、共同创作之间寻求平衡。
- 在教室内的教学和评价、吸引家庭投入教学和评价过程、让故事在学校外的世界里也有存在意义之间寻求平衡。
- 在及时记录当下表现出来的专长、建构相互关联的学习事件链、寻找计划的方向并关注学习者自我身份认知之间寻求平衡。
- 在某一个时刻关注一种语言和方法、关注需要多种方法支持的某一兴趣点和任务之间寻求平衡。

表 7.1 对这些寻求平衡的过程进行了总结。每一个教师、学习者、家庭、早期教育机构、学校和政府都在这些寻求平衡的过程中拥有各自专享的位置，这些位置和他们所持有的关于学习、儿童、评价和课程的信念相关。这些信念可能不够灵活，以至于无法对不同特定环境中的实际情况和每一个学习者一一做出回应。在一个教师们合作进行教学的幼教中心里，如果教师们没有机会定期讨论儿童学习故事的话，要想将学习成长档案中的重大学习事件链联结起来是一件很困难的事情。同时，这些寻求平衡的过程又取决于对话。本书中出现的教师们都曾经投入到与儿童学习故事有关的对话中，而我们也希望这本书能够成为激发教师们进一步讨论的催化剂。

我们从罗伯特·斯滕伯格（Robert Sternberg）及其同事们（2007）进行的有关智慧和教育的研究中得到启发。他们认为，有智慧的教和学包括寻求个人内在的兴趣、人与人之间的兴趣与个人附加兴

表 7.1　寻求平衡的过程和进步的维度

	主体能动性	广度	连续	分配
学习故事对于儿童和家庭的目的和结果	共创课程和评价（第三章）	与教室外的广大社区建立联结，鼓励与家庭间建立互动互惠的关系（第四章）	随着时间推移，对学习旅程和学习的连续性进行识别（第五章）	将学习分配到许多种语言和意义建构的方法中（第六章）
在目标和兴趣间寻求平衡	为自己学习和工作，参与对话	家园合作让学习在广大的社区环境中也有意义	记录当下表现出来的专长与建构一系列相互关联的学习事件链，寻找计划的方向与关注学习者自我认知的长期发展	在某一个时刻关注一种语言和方法，关注需要多种方法支持的某一兴趣点和某一任务
进步的多种维度	儿童开辟自己的多元学习路径和旅程，成为自我评价者。他们能够谈论自己的学习，并越来越自信和有能力	与教室外的家庭和社区里蕴含的知识、兴趣间的联结更加牢固和多元	识别学习事件链，并进行协商讨论，将现在与过去和未来联系起来。经常建构"下一步"计划、长期愿景和多种可能的自我	学习被分配到许多种表达和沟通的语言和方式中，它们也许能用越来越复杂的方式相互结合

趣之间的平衡，以及寻求短期目标和长期目标之间的平衡。我们和教师们一起探究了这些观点，并在这里把这些观点作为可以进一步讨论的主题提出。在 2002 年出版的《编写故事：法律、文学和生活》（*Making stories: Law, literature and life*）中，布鲁纳在自编故事的过程中展现了这种寻求平衡的过程。关于自传，他作了如下陈述。

　　自编关于自我的故事就是一种寻求平衡的过程。一方面，它必须创造一种自主的信念，也就是说相信一个人拥有坚强的意志，拥有一定程度的选择自由和某种程度上的可能性。但是，它又必须将自我与他人的世界联结在一起——朋友和家、机构、过去和特定群体。不过，在与他人交往的过程中隐含的对他人的义务肯定会限制我们自己的自主权。自主和义务，这两者我们似乎一个都避不开，而我们的生活也力求在两者间寻求平衡。我们讲给自己听的自我故事也是如此。

收录学习故事的学习成长档案亦如此，力求在自主和对他人的义务之间寻求平衡——寻求目标和兴趣、人与人和广大社区间的平衡。这些考量对任何一种评价实践都提出了挑战。一次测试提供的是在一个特定时间里进行的一次独立测评，而一个讲述正在发展中的目标技能或知识或心智倾向的故事能把人际关系和广大社区以及他们已经提供的和可能提供的机会包含其中。罗宾老师在评论中指出，伊曼纽尔是在寻找自己独立建构意义、用他的玩具建构意义和在参与小组活动中建构意义之间的平衡。

> 七月份以来，伊曼纽尔做了很多事情。我认为他现在对这里的其他孩子都非常了解了，他们分享一种共同语言，那就是他们都有相似的过去。我正在读薇薇安·嘉辛·佩利写的书《白人教师》(*White Teacher*)。她写道："与孩子和教师之间存在的相似之处相比，孩子与孩子之间有更多的共同点，而游戏则是最原始的开放式和整合式课程。"我非常喜欢这些话。儿童不会问其他孩子："你从哪里来？"他们问："你扮演哪个角色？"其实，他（伊曼纽尔）加入了所有的唱歌活动，他的手指会不由自主地随着音乐打节奏，就这样，他随身携带着他的小鼓（他的手指和身体），随时歌唱，随时享受其中的乐趣。我想，好吧，他找到了一种平衡。他花很长时间沉浸在玩他的动物玩具上，与其他孩子的互动很少，对其他活动的兴趣也很有限。但是，我觉得今天我发现了旁观和主动参与间的平衡。

这些平衡是在学习者身处的学习环境中达成的。想要寻求幼教中心和小学教室内外的平衡可能会是另一种挑战。温格（Wenger, 1998）作了如下论述。

我认为，在实现学习的过程中，一个教育设计不应该通过替代整个世界以使这个教育设计成为学习的全部。它不应该是一个为精心设计的但又孤立的学习过程提供庇护的封闭体系。相反的，它必须致力于提供与教室外面的广大社区之间的紧密联结。（p. 275）

在参与一个研究儿童提出问题和对问题进行探究的课题时，洛琳老师对自己的幼教中心建造新户外场地的过程进行了评论，她说到了教师们对至少要保证孩子们有机会观察"真实工作"这个观点的兴趣。

两年前我们根本不可能这样做（在工作日建造新户外场地）。那时，我们会把那些室外的东西留在大门外。现在，我们会把那些外面的东西拿进来，我们也更多地走出去。而这个户外场地就是一个很好的实例。过去，我们会在周末建造这个户外场地！……我们很快就学会了阅读隔离胶带上的警示"警告、危险、不要靠近"。当专家们（建户外场地的工人们）在建造花园的石墙、石头水池和类似的东西时，儿童看着专家们的设计、意图一点点被实现。很久之后，当我们对孩子们的深度参与经验进行反思时，我们意识到"我们的教学已经与从前不一样了"。（Malaguzzi, 1993: 77）（Lorraine, writing in Greeton Early Childhood Centre Team et al., 2008）

天平的任何一边都不会是永远正确的，如何寻求平衡总是和具体情境联系在一起的。不过，在幼教中心和小学教室里考量这些平衡还是值得的，我们还要反思的是：天平是否总是倒向某一边？天平的另一边是否反映了孩子们所需要的那些创新又缜密的"自适应技能"以及有效的特别技能，以帮助他们面对复杂的世界和开放性的问题？

此外，还有一个不可避免的非常核心的平衡关系或者说一个需要探讨和权衡的内容，这个关系基本上概括了所有与评价有关的讨论。莫斯、吉拉德和格里诺（Moss, Girard and Greeno, 2008: 300）论述了基于（师生）共享的和不断发展的经验所作的内生性评价（endogenous assessment），以及基于专家依照外界相关标准做出的判断所作的外生性评价（exogenous assessment）[①]。他们引用了乔丹和普茨（Jordan and Putz, 2004: 356）的观点。"还需要问的一个问题是，我们如何探讨和权衡一个机构因为自身的各种目标、需要具有可比性的数字和进行客观测评的工具这一现实，与那些身处教室和工作场所里的学习者和教师为了能够更好掌控活动而需要进行内生性评价之间的关系呢？"

  觉察到那些互补的评价方法以及它们会给我们带来的启发、弊端和无意识中产生的结果，可能是向共同合作设计一个新的组织架构迈出了一大步。在这个新的组织架构中，内生和外生的、非正式和正式的评估标准都能够茁壮成长。(Jordan and Putz, 2004: 356 in Moss, Girard and Greeno, 2008: 300)

优势或进步的维度

  在这些平衡关系中，有一个平衡关系与短期、中期和长期发展框架有关。学习可以被当作短的学习事件链来分析，正如我们在第五章中讨论的，或在第六章凯拉的例子里看到的，她的发展是与多种语言和方式一起发生的。对这种寻求平衡的过程进行的讨论源自于第五章中莱姆基尖锐的批评："我们能够看到的是有助于短期发展的有意义的实践，但却无法看到有助于意义建构的心智倾向、态度和惯习。"从某种意义上说，本书涉及的四个主题提供的是一些广义的和更具普遍意义的准则，并把它们作为强化学习者优势的长期维度，而且这些维度相互缠绕（见表7.1）。正是在对"跨越时间和地点的关键学习能力"进行研究期间，以及前期对儿童学习评价实例进行研究的过程中，四大强化优势的维度这一框架逐渐形成了（Carr, Lee and Jones, 2007）。

  这四个维度是一种对有多元路径的学习轨迹进行描述的方法，我们称之

[①] 这两种评价的主要区别在于评价的主要关注点和评价为谁服务，前者关注的焦点是学习者个体，关注在学习中个体承担的不同身份和所处的位置，而后者关注的则是外界认为重要的标准内容。——译者注

学习故事与早期教育：建构学习者的形象

为 ABCD 维度框架，与本书中的四大主题相呼应。如果我们用戴安娜的学习旅程作例子，可以说关键能力"参与和贡献"和这四个维度一起得到了强化，而且支持了她是一个敢于"尝试新的事情"的学习者这样一种身份认知。学校、尼基老师、苏西老师、戴安娜和她妈妈共同建构了这条学习路径（学习的机会），而戴安娜也真的踏上了学习旅程。这条旅程的起点是教师和孩子们一起围绕关键能力进行的头脑风暴。

主体能动性（Agency）：教师就"参与和贡献"这个关键能力的内涵咨询了包括戴安娜在内的一群孩子，戴安娜随即用自己的语言"尝试新的事情"把这些相关内涵个性化了。她还拥有在一系列既有趣又有挑战性的活动中进行选择的机会。一个跳集体舞的任务给了孩子们共同编一支舞蹈的机会，而戴安娜一度还带领大家舞蹈。

广度（Breadth）：有很多地方可以让戴安娜尝试做新的事情，学习故事也跟着她妈妈回了家（学校非常欢迎她的妈妈参与学校生活，她妈妈也为戴安娜的学习成长档案撰写了一个学习故事）。戴安娜的妈妈也决定尝试做一些她从来没有做过的新的事情（作为家长志愿者参与学习露营活动时让孩子们在她的脸上画画）。

连续（Continuity）：戴安娜、她的老师、妈妈和同伴共同建构了一个对她很有意义的学习路径。体现当地校园和班级文化的"脚本"[①]支持着这个过程。戴安娜被邀请在有挑战性的环境中，如让她有点害怕的空手道工作坊里学习勇敢，而一系列的学习事件链也被尼基老师和苏西老师记录了下来。这些记录的存在让大家得以对学习进行回顾，讨论已经发生的进步，并思考"下一步"可以做什么。

分配（Distribution）：对"参与"进行头脑风暴的过程中，还有一个内容，那就是全班尝试新的活动。戴安娜于是参与了与子目标"尝试做新的事情"相呼应的一些活动，而这些活动中存在着不同方式的学习：姿态和音乐（舞蹈工作坊和后来的空手道工作坊）、唱歌和口头语言（毛利语工作坊）。表7.1

---

① 原文用的是"scripts"一词，此为直译，意译更接近"一套行为和思考模式"。——译者注

呈现了强化优势的四大维度，并把它们与本书中的四个主题进行对接。

设计评价实践的四个原则

在撰写本书的过程中，我们发现了设计评价实践的四个原则，这一过程还引领着我们进一步探究学习故事得以把这些原则转化成行动的能力。评价实践需要体现以下原则。

把学习者定位在能体现其主体能动性的位置上。（学生和教师）共创和共同建构的实践能提供一个对话的情境，目的是让学习者了解他们在这个情境中正在玩的是一个什么样的"游戏"，让他们能够发展自我评价能力以及有助于学习的心智倾向。

融入多元化的声音，与家庭、社区和真实世界中的问题建立联结，这样能让学习者对不同的地方和社区的理解、期待和机会进行对接。多元化的声音和跨越边界的联结能提供一套相呼应但又各不相同的文化实践，这些文化实践促进学习者发展把学习融入当下情境的能力和深化对学习的理解。

为学习者提供导航标志，看到已走过旅程中的各个里程碑，并展望未来可能踏上的路途。这样就能让学习者至少识别出学习旅程中的一些特征，看到他们在过去取得的一些成就，展望未来。这样做既是为了他们自己，也是为了这个世界。

将心智倾向性、实践性和学科性知识用各种方式，和各种人，借助各种资源和活动整合在一起。学习中的情感因素是被认可和支持的。存在于多元文化、物质、学科、模式和概念空间中的一套有助于意义建构的实践和"自适应技能"——当情况发生变化时，这些事件和技能可以被使用——会被识别出来，并得到支持。

增加一个 E

在我们看来，ABCD 维度框架没有重视学习故事在支持学习者建构自我身份认知时的另一个重要贡献。学习故事坚持将心智倾向融入学习评价，拒绝从"他们是有缺陷的"这个视角来定位儿童。但这种定位并不意味着学习故事忽略为进一步发展和未来的成就提供指引。学习故事经常记录的、尽力做的是至少在某个文化、物质、学习、模式和概念空间里激发学习的"热情"。在本书中出现的教师们都写到了儿童的勇气、决心和毅力,在《寻找流畅感》(Finding flow,1997)中,希斯赞特米哈伊论述了"流畅的"经验的情感本质,那就是,当一个人或一群人全身心投入和非常专注的时候,当他们的技能正好能够帮助他们"全身心参与到战胜一个他们足以面对的挑战中"(p.30)的时候。当目标是明确的,反馈是有意义的,而挑战和技能又是均衡的时候,流畅感就出现了。

在某种程度上,学习故事努力强调和建构的是那些对我们的幸福生活来说非常重要的"流畅的"学习事件链,用希斯赞特米哈伊的话来说,这些"流畅的"学习事件链能创造"卓越的人生"(1997:31)。杜维克在对"反馈"进行论述的时候也注意到了"流畅的"学习事件链的作用(见第一章),戴安娜在尝试做新的事情时让自己置身于一个潜在的"流畅的"学习事件链中(见第二章),当雷蒙德谈到他喜欢写学习故事是因为他能在故事里表达他的感受时也强调了这一点。希斯赞特米哈伊的研究指出"流畅的体验行为是学习的吸铁石——这都是为了发展新的挑战和技能",而他在早期撰写的有关创造力的著作中也强调了儿童在早期阶段表现出强烈兴趣和好奇心的重要性。在本书收录的很多故事里都描绘了情感的这些品质。

泰萨(Tessa)的妈妈对从下面这张照片中感受到的那种兴奋进行了评论,她的第三个孩子泰萨刚开始上托幼中心。妈妈乔在泰萨的学习成长档案中写了下面这段话。

> 泰萨上幼儿园了,这对我们全家来说都非常令人兴奋。当她第一次把她的学习成长档案拿回家的时候,这更是一件大事了。这也促使艾米莉亚(Amelia)把她的学习成长档案也带回家。当我去接她(艾米莉亚)的时候,她立刻去拿了自己的学习成长档案。不甘于人后的埃兹拉(Ezra,大哥哥)也从储藏室里翻出了自己的学习成长档案。于是,交换和分享故事就此开始了。

强调的情感因素也包括不断激发教师对教学的热爱。在本章开始部分发表评论的盖里校长用了"热爱"和"热情"两个词来形容他的评价实践。正是这些品质让我们相信学习故事能够同时建构学生和教师的形象。因此,当我们和教师讨论强化优势的 ABCD 维度框架时,他们不止一次提到要增加一个 E 维度。E 代表兴奋(Excitement)、热爱(Enthusiasm)、热情(Exuberance)和热忱(Élan,这个词用在这里非常贴切,特别是想要表达我们对学习轨迹的兴趣时,因为 Collins 英语词典指出这个词来自于法语单词 élancer,可以引申为"扔出去"的意思,追根溯源,它来自于拉丁语单词 lancea,"柳叶刀"的意思)。娜依蕾·苏阿德·纳西尔、安·罗斯博里、贝丝·沃伦和卡洛儿·李(Na'ilah Suad Nasir, Ann Rosebery, Beth Warren and Carol Lee,2006:489,499)研究了"来自于非显性群体的年轻人",他们认为"为这些学生设计学习环境必须考虑到学习的各方面元素(有些元素常常被忽略),包括自我身份认知和情感"。教师经常在学习故事中传达他们在自己描述的学习过程中所感受到的兴奋之情,以及那种会传染给家庭和儿童的对学习的热爱,这些都会影响学生们对可能的自我的渴望和认知。因此,情感维度也应该可以被当作在建构或重新建构学习故事——以及在幼教中心、小学教室或家里回顾学习故事——过程中会产生的一个影响而加入到 ABCD 维度框架中。雷蒙德和他的奶奶用"感到自豪"和"被感动了"来描述这个维度,这些是有助于建构学习者自我身份认知的、具有重大意义的情感方面的影响。

参考文献

Absolum, M., Flockton, L., Hattie, J., Hipkins, R. and Reid, L. (2009). *Directions for assessment in New Zealand* (DANZ). Wellington: Ministry of Education.

Barab, S., Hay, K. and Yamagata-Lynch, L. (2001). Constructing networks of action-relevant episodes: An in situ research methodology. *Journal of the Learning Sciences*, 10(1/2), 63–112.

Barron, B. (2006). Interest and self-sustained learning as catalysts of development: A learning ecology perspective. *Human Development*, 49, 193–224.

Bird, A. and Reese, E. (2006). Emotional reminiscing and the development of an autobiographical self. *Developmental Psychology*, 42(4), 613–26.

Black, P. and Wiliam, D. (1998a). Assessment and classroom learning. *Assessment in Education: Principles, Policy & Practice*, 5(1), 7–74.

Black, P. and Wiliam, D. (1998b). *Inside the black box: Raising standards through classroom assessment*. London: King's College London, School of Education.

Black, P., Harrison, C., Lee, C., Marshall, B. and Wiliam, D. (2002). *Working inside the black box: Assessment for learning in the classroom*. London: NferNelson.

Black, P., Harrison, C., Lee, C., Marshall, B. and Wiliam, D. (2003). *Assessment for learning: putting it into practice*. Maidenhead: Open University Press.

Black, P., McCormick, R., James, M. and Pedder, D. (2006). Learning how to learn and assessment for learning: A theoretical inquiry. *Research Papers in Education*, 21(2), 119–32.

Bourdieu, P. (1990). *The logic of practice*, trans. R. Nice. Cambridge: Polity.

Braidotti, R. (1994). *Nomadic subjects: Embodiment and sexual difference in contemporary feminist theory*. New York: Columbia University Press.

Bransford, J.D., Barron, B., Pea, R.D., Metzolt, A., Kuhl, P., Bell, P., Stevens. R. et al. (2006). Foundations and opportunities for an interdisciplinary science of learning. In R.K. Sawyer (ed.), *The Cambridge handbook of the learning sciences*. New York: Cambridge University Press, 19–34.

Bronfenbrenner, U. (1979). *Ecology of human development*. Cambridge, MA: Harvard University Press.

Brooker, L. (2002). *Starting school: Young children learning cultures*. Buckingham: Open University Press.

Brown, A.L., Ash, D., Rutherford, M., Nakagawa, K., Gordon, A. and Campione, J.C. (1993). Distributed expertise in the classroom. In G. Salomon (ed.) *Distributed cognitions: Psychological and educational considerations*. Cambridge: Cambridge University Press, 188–228.

Bruner, J. (2002). *Making stories: Law, literature, life*. Cambridge, MA: Harvard University Press.

Burke, K. (1945). *A grammar of motives*. New York: Prentice Hall.

Buxton, J. (2002). *Keep trying*. Wellington: Learning Media.

Carr, M. (1998). *Assessing children's learning in early childhood settings: A professional development programme for discussion and reflection – support booklet and videos: What to assess, why assess, how to assess?* Wellington: NZCER Press.

Carr, M. (2000). Seeking children's perspectives about their learning. In A.B. Smith, N.J. Taylor and M.M. Gollop (eds), *Children's voices: Research, policy and practice*. Auckland: Pearson, 37–55.

Carr, M. (2001a). *Assessment in early childhood settings: Learning stories.* London: Paul Chapman.

Carr, M. (2001b). A sociocultural approach to learning orientation in an early childhood setting. *Qualitative Studies in Education*, 14(4), 525–42.

Carr, M. (2005). The leading edge of learning: recognising children's success as learners. *European Journal of Early Childhood Research*, 13(2), 41–50.

Carr, M. (2008). Can assessment unlock and open the doors to resourcefulness and agency? In S. Swaffield (ed.), *Unlocking Assessment.* London: Routledge, 36–54.

Carr, M. (2009). Kei tua o te pae: Assessing learning that reaches beyond the self and beyond the horizon. *Assessment Matters*, 1, 20–47.

Carr, M. (forthcoming). Young children reflecting on their learning: Teachers' conversation strategies. *International Journal of Early Years.*

Carr, M., Hatherly, A., Lee, W. and Ramsey, K. (2003). Te Whāriki and assessment: a case study of teacher change. In J. Nuttall (ed.) *Weaving Te Whāriki. Aotearoa's early childhood curriculam document in theory and practice.* Wellington, NZ: NZCER Press, 188–214.

Carr, M., Jones, C. and Lee, W. (2010). Learning journeys. In W. Drewery and L. Claiborne (eds), *Human development: family, place, culture.* Sydney: McGraw-Hill.

Carr, M., Lee, W. and Jones, C. (2004, 2007, 2009). *Kei tua o te pae: Assessment for learning: Early childhood exemplars.* Books 1–20. A resource prepared for the Ministry of Education. Wellington: Learning Media.

Carr, M., Peters, S., Davis, K., Bartlett, C., Bashford, N., Berry, P., Greenslade, S., Molloy, S., O'Connor, N., Simpson, M., Smith, Y., Williams, T. and Wilson-Tukaki, A. (2008). *Key learning competencies across place and time: Kimihia te ara totika, hei oranga mo to ao.* Final report to the Ministry of Education. Wellington, NZ: NZCER.

Carr, M., Smith, A.B., Duncan, J., Jones, C., Lee, W. and Marshall, K. (2010). *Learning in the making.* Rotterdam: Sense.

Clandinin, D.J. (ed.) (2007). *Handbook of narrative inquiry: Mapping a methodology.* Thousand Oaks, CA: Sage.

Clarkin-Phillips, J. and Carr, M. (forthcoming). An affordance network for engagement: Increasing parent and family agency in an early childhood education setting. *European Early Childhood Education Research Journal.*

Claxton, G. (2004). Learning is learnable (and we ought to teach it). In S.J. Cassell (ed.), *Ten years on report.* Bristol: National Commission for Education.

Claxton, G. (2009). Forward. In R. Delany, L. Day and M. R. Chambers (eds), *Learning power heroes.* Bristol: TLO Ltd.

Claxton, G., Chambers, M., Powell, G. and Lucas, B. (2011). *The learning powered school: A blueprint for 21st century education.* Bristol: TLO Ltd.

Cochran-Smith, M. and Donnell, K. (2006). Practitioner inquiry: Blurring the boundaries of research and practice. In J.L. Green, G. Camilli, P.B. Elmore, A. Skukaus Kaité and P. Grace (eds), *Handbook of complementary methods in education research.* Washington, DC: AERA; and Mahwah, NJ: Erlbaum.

Colbert, J. (2006) New forms of an old art – children's storytelling and ICT. *Early Childhood Folio*, 10, 2–5.

Commonwealth of Australia (2009). *Belonging, being, becoming.* Canberra: Australian Government Department of Education, Employment and Workplace Relations for the Council of Australian Governments.

Cowie, B. (2000). Formative assessment in science classrooms. PhD thesis, University of Waikato, Hamilton.

Cowie, B. and Carr, M. (2004). The consequences of socio-cultural assessment. In A. Anning, J. Cullen and M. Fleer (eds), *Early childhood education: Society and culture* (2nd edn, 2009). London: Sage, 95–106.

Crowley, K. and Jacobs, M. (2002). Building islands of expertise in everyday family life. In G. Leinhardt, K. Crowley and K. Knutson (eds), *Learning conversations in museums*. Mahwah, NJ: Lawrence Erlbaum, 333–56.

Csikszentmihalyi, M. (1996). *Creativity: Flow and the psychology of discovery and invention*, 1st edn. New York: Harper Collins.

Csikszentmihalyi, M. (1997) *Finding flow: The psychology of engagement with everyday life*. New York: Harper Collins.

Dahlberg, G. and Moss, P. (2005). *Ethics and politics in early childhood education*. London: Roultedge Falmer.

Davis, K., Carr, M., Wright, J. and Peters, S. (forthcoming). *Monitoring and encouraging the key competencies: Learning stories. Dialogue, connections and plain language reporting*. Wellington, NZ: NZCER Press.

Dweck, C. (1986). Motivational processes affecting learning. *American Psychologist*, 41(10), 1040–8.

Dweck, C. (2000). *Self-theories: Their role in motivation, personality, and development*. Philadelphia, PA: Psychology Press.

Dweck, C. (2006). *Mindset: The new psychology of success*, 1st edn. New York: Random House.

Eberbach, C. and Crowley, K. (2009). From everyday to scientific observation: How children learn to observe the biologist's world. *Review of Educational Research*, 79(1), 39–68.

Ecclestone, K. and Pryor, J. (2003). 'Learning careers' or 'Assessment careers'? The impact of assessment systems on learning. *British Educational Research Journal*, 29(4), 471–88.

Edelstein, W. (2011). Education for democracy: reasons and strategies. *European Journal of Education*, 46(1), part II, 127–37.

Edwards, C., Gandini, L. and Forman, G. (eds) (1998). *The hundred languages of children: The Reggio Emilia Approach – advanced reflections*. Westport, CT: Ablex.

Eisner, E.W. (2005). *Reimagining schools: the selected works of Elliot Eisner*. Abingdon, Oxon: Routledge.

Engestrom, Y., Engestrom, R. and Suntio, A. (2002). Can a school community learn to master it's own future? An activity-theoretical study of expansive learning among middle school teachers. In G. Wells and G. Claxton (eds), *Learning for life in the 21st century: Sociocultural perspectives of the future*. Oxford: Wiley-Blackwell, 211–24.

Filer, A. and Pollard, A. (2000). *The social world of pupil assessment: Processes and contexts of primary schooling*. London: Continuum.

Gee, J.P. (1997). Thinking learning and reading: the situated sociocultural mind. In D. Kirschner and J.A. Whitson (eds), *Situated congition: Semiotic and psychological perspectives*. Chapter 9, 235–259. Mahwah, NJ: Erlbaum.

Gee, J.P. (2000–2001). Identity as an analytic lens for research in education. *Review of Research in Education*, 25, 99–125.

Gee, J.P. (2008). A sociocultural perspective on opportunity to learn. In P.A. Moss, D.C. Pullin, J.P. Gee, L.J. Young and E.H Haerte (eds), *Assessment, equity, and opportunity to learn*. New York: Cambridge University Press.

Gibson, J.J. (1997). The theory of affordances. In R. Shaw and J. Brandsford (eds), *Percelving, acting and knowing: Toward an ecological psychology*. Hillsdale, MJ: Lawrence Eribaum, 67–82.

Gipps, C. (2002). Sociocultural perspectives on assessment. In G. Wells and G. Claxton (eds), *Learning for life in the 21st century: Sociocultural perspectives on the future of education*. Oxford: Blackwell Publishers, 73–83.

Giudici, C., Rinaldi, C. and Krechevsky, M. (eds) (2001). *Making learning visible: Children as individual and group learners*. Cambridge, MA and Reggio Emilia: Project Zero, Harvard Graduate School of Education and Reggio Children International Center for the Defense and Promotion of the Rights and Potential of all Children.

Gonzàlez, N., Moll, L.C. and Amanti, C. (2005). *Funds of knowledge: Theorizing practice in households, communities, and classrooms*. Mahwah, NJ: L. Erlbaum As sociates.

Greeno, J.G. (2006). Authoritative, accountable positioning and connected, general knowing: Progressive themes in understanding transfer. *Journal of the Learning Sciences*, 15(4), 537–47.

Greeno, J.G. and Gresalfi, M.S. (2008). Opportunities to learn in practice and identity. In P.A. Moss, D.C. Pullin, J.P. Gee, E.H. Haertal and L.J. Young (eds), *Assessment, equity, and opportunity to learn*. New York: Cambridge University Press.

Greenwood, D. and Levin, M. (2008). Reform of the social sciences and of universities through action research. In N. Denzin and Y.S. Lincoln (eds), *The landscape of qualitative research*, 3rd edn. Los Angeles, CA: Sage, 57–86.

Greerton Early Childhood Centre Team, Carr, M. and Lee, W. (2008). *A question-asking and question-exploring culture. Centre of Innovation Final Research Report to the Ministry of Education*. Wellington, NZ: NZCER Press.

Gresalfi, M.S. (2009). Taking up opportunities to learn: Constructing dispositions in mathematics classrooms. *Journal of the Learning Sciences*, 18, 327–69.

Hargreaves, A. and Moore, S. (2000). Educational outcomes, modern and postmodern interpretations: Response to Smyth and Dow. *British Journal of Sociology of Education*, 21(1), 27–42.

Hartley, C., Rogers, P., Smith, J., Peter, S. and Carr, M. (forthcoming). *Across the border: A community negotiates the transition from early childhood to primary school*. Wellington, NZCER Press.

Hattie, J. (2009). V*isible learning: A synthesis of over 800 meta-analyses relating to achievement*. London: Routledge.

Hendry, P.M. (2007) The future of narrative. *Qualitative Inquiry*, 13, 487–98.

Hidi, S., Renninger, K.A. and Krapp, A. (1992). The present state of interest research. In S. Hidi, K.A. Renninger and A. Krapp (eds), *The role of interest in learning and development*. Hillsdale, NJ: Lawrence Erlbaum.

Hipkins, R. (2009). Determining meaning for key competencies via assessment practices. *Assessment Matters*, 1, 4–19.

Holland, D., Lachicotte, W., Skinner, D. and Cain, R. (1998). *Identity and agency in cultural worlds*. Cambridge, Mass.: Harvard University Press.

Hull, G.A. and Katz, M.-L. (2006). Crafting an agentive self: Case studies of digital storytelling. *Research in the Teaching of English*, 41(1), 43–81.

Hutchins, E. (1996). *Cognition in the wild.* Cambridge, MA: MIT Press.

Jewitt, C. (2008). *Technology, literacy, learning: A multimodality approach.* London: Routledge.

Johnston, P. (2004). *Choice words: How our language affects children's learning.* Portland, ME: Stenhouse Publishers.

Jordon, B. and Putz, P. (2004). Assessment as practice: Notes on measures, tests, and targets. *Human Organization,* 63, 346–58.

Kress, G. (2003). *Literacy in the new media age.* London: Routledge.

Lampert, M. (2001). *Teaching problems and problems of teaching.* New Haven, CT: Yale University Press.

Lee, W., Hatherly, A. and Ramsey, K. (2002). Using ICT to document children's learning. *Early Childhood Folio,* 6, 10–16.

Lemke, J.L. (2000). Across the scales of time: Artifacts, activities and meanings in ecosocial systems. *Mind, Culture, and Activity,* 7(4), 273–90.

Lemke, J.L. (2001). The long and the short of it: Comments on multiple timescale studies of human activity. *Journal of the Learning Sciences,* 10(1), 17–26.

Lepper, C., Williamson, D. and Cullen, J. (2003). Professional development to support collaborative assessment. *Early Education,* 33, 19–28.

McNaughton, S. (2002). *Meeting of the minds.* Wellington: Learning Media.

Malaguzzi, L. (1993). History, ideas and basic philosophy. In C. Edwards, L. Gandini and G. Forman (eds), *The hundred languages of children: The Reggio Emilia approach to early childhood education.* Norwood, NJ: Albex, 41–88.

Markus, H. and Nurius, P. (1986). Possible selves. *American Psychologist,* 41(9), 954–69.

Mason, J. (2002). *Researching your own practice: The discipline of noticing.* London: Routledge Falmer.

Meade, A. (ed.) (2005). *Catching the waves: Innovation in early childhood education.* Wellington: NZCER Press.

Meade, A. (ed.) (2006). *Riding the waves: Innovation in early childhood education.* Wellington: NZCER Press.

Meade, A. (ed.) (2007). *Cresting the waves: Innovation in early childhood education.* Wellington: NZCER Press.

Meade, A. (ed.) (2010). *Dispersing waves: Innovation in early childhood education.* Wellington: NZCER Press.

Mercer, N. (2002). Developing dialogues. In G. Wells and G. Claxton (eds), *Learning for life in the 21st century: Sociocultural perspectives on the future of education.* Oxford: Blackwell.

Mercer, N. (2008). The seeds of time: Why classroom dialogue needs a temporal analysis. *Journal of the Learning Sciences,* 17, 33–59.

Mercer, N. and Littleton, K. (2007). *Dialogue and the development of children's thinking: A sociocultural approach.* London: Routledge.

Miller, L. and Pound, L. (eds) (2011). *Theories and approaches to learning in the early years.* London: Sage.

Miller, P. and Goodnow, J. (1995). Cultural practices: Toward an integration of culture and development. In J. Goodnow, P. Miller and F. Kessel (eds), *Cultural practices as contexts for development.* San Francisco, CA: Jossey-Bass. 5–17.

Ministry of Education (1996). *Te whāriki. He whāriki mātauranga mō ngā mokopuna o aotearoa. Early childhood curriculum.* Wellington: Learning Media.

Ministry of Education (2007). *The New Zealand curriculum for English-medium teaching and learning in years 1–13*. Wellington: Learning Media.

Ministry of Education (2009a). *Te whatu pōkeka. Kaupapa maori assessment for learning: Early childhood exemplars*. Wellington: Learning Media.

Ministry of Education (2009b). *Narrative assessment: A guide for teachers. A resource to support the New Zealand Curriculum. Exemplars for learners with special education needs*. Wellington: Learning Media.

Moll, L. C., Amanti, C., Neff, D. and González, N. (1992). Funds of knowledge for teaching: Using a qualitative approach to connect homes and classrooms. *Theory into Practice*, 31(2), 132–41.

Moss, P.A. (2008). Sociocultural implications for assessment I: Classroom assessment. In P.A. Moss, D.C. Pullin, J.P. Gee, E.H Haertel and L.J. Young (eds), *Assessment, equity, and opportunity to learn*. New York: Cambridge University Press, 222–58.

Moss, P.A., Girard, B.J. and Greeno, J.G. (2008). Sociocultural implications for assessment II: Professional learning, evaluation, and accountability. In P.A. Moss, D.C. Pullin, J.P. Gee, E.H. Haertel and L.J. Young (eds), *Assessment, equity, and opportunity to learn*. Cambridge: Cambridge University Press, 295–332.

Moss, P.A., Pullin, D.C., Gee, J.P., Haertel, E.H. and Young, L.J. (eds) (2008). *Assessment, equity, and opportunity to learn*. Cambridge: Cambridge University Press.

Nasir, N.S., Rosebery, A.S., Warren, B. and Lee, C.D. (2006). Learning as a cultural process: Achieving equity through diversity. In R.K. Sawyer (ed.), *The Cambridge handbook of the learning sciences*. New York: Cambridge University Press, 489–504.

Nelson, K. (2000). Narrative, time and the emergence of the enculturated self. *Culture & Psychology*, 6(2), 183–96.

Norman, D.A. (1988). *The design of everyday things*. New York: Basic Books.

Nuttall, J. (2003). *Weaving te whāriki: Aotearoa's early childhood curriculum document in theory and practice*. Wellington, NZ: NZCER Press.

Packer, M. and Greco-Brooks, D. (1999). School as a site for the production of persons. *Journal of Constructivist Psychology*, 12, 133–49.

Paley, V. (2004). *A child's work: The importance of fantasy play*. Chicago, IL: University of Chicago Press.

Papert, S. (1980). *Mindstorms*. Brighton: Harvester Wheatsheaf.

Papert, S. (1993). *The children's machine: Rethinking school in the age of the computer*. Hemel Hempstead: Harvester Wheatsheaf.

Perkins, D.N. (1993). Person-plus: A distributed view of thinking and learning. In G. Salomon (ed.), *Distributed cognitions: Psychological and educational considerations*. New York: Cambridge University Press, 111–38.

Perkins, D. (2000). Schools need to pay more attention to 'intelligence in the wild'. *Harvard Education Newsletter*, May/June, 1–3.

Perkins, D.N., Jay, E. and Tishman, S. (1993). Beyond abilities: A dispositional theory of thinking. *Merrill-Palmer Quarterly*, 39(1), 1–21.

Perkins, D., Tishman, S., Ritchhart, R., Donis, K. and Andrade, A. (2000). Intelligence in the wild: A dispositional view of intellectual traits. *Educational Psychology Review*, 12(3), 269–93.

Perry, B., Dockett, S. and Harley, E. (2007). Learning stories and children's powerful mathematics. *Early Childhood Research & Practice*, 9(2).

Pinnegar, S. and Daynes, J.G. (2007). Locating narrative inquiry historically: Thematics in the turn to narrative. In D.J. Clandinin (ed.), *Handbook of narrative inquiry: Mapping a methodology*. Thousand Oaks, CA: Sage Publications.

Pollard, A. and Filer, A. (1999). *The social world of pupil career: Strategic biographies through primary school*. London: Cassell.

Pryor, J. and Crossouard, B. (2008). A socio-cultural theorisation of formative assessment. *Oxford Review of Education*, 34(1), 1–20.

Ramsey, K., Breen, J., Sturm, J., Lee, W. and Carr, M. (2006). *Integrating ICTs with teaching and learning in a New Zealand Kindergarten*. Centre of Innovation Final Research Report to the Ministry of Edukation. Wellingtorr, NZ: Ministry of Education.

Reedy, T. (2003). Toku rangatiratanga na te mana metauranga: Knowledge and power set me free. In J. Nuttall (ed.), *Weaving Te Whariki: Aotearoa New Zealand's document in theory and practice*. Wellington: New Zealand Council for Educational Research.

Reese, E., Suggate, S., Long, J. and Schaughency, E. (2010). Children's oral narrative and reading skills in the first three years of reading instruction. *Reading and Writing*, 23(6), 627–44.

Reissman, C.K. (2008). *Narrative methods for the human sciences*. London: Sage.

Resnick, L. (1987). *Education and learning to think*. Washington, DC: National Academy Press.

Rice, T. (2010). 'The hallmark of a doctor': The stethoscope and the making of medical identity. *Journal of Material Culture*, 15(3), 287–301.

Rinaldi, C. (2006). *In dialogue with Reggio Emilia: Listening, researching, and learning*. London and New York: Routledge.

Ritchhart, R. (2002). *Intellectual character: What it is, why it matters, and how to get it*. San Francisco, CA: Jossey-Bass.

Roth, F., Speece, D. and Cooper, D. (2002). A longitudinal analysis of the connection between oral language and early reading. *Journal of Educational Research*, 95, 259–73.

Rychen, D.S. and Salganik, L.H. (eds) (2001). *Defining and selecting key competencies*. Göttingen: Hogrefe & Huber.

Rychen, D.S. and Salganik, L. H. (eds) (2003). *Key competencies for a successful life and a well-functioning society*. Göttingen: Hogrefe & Huber.

Salomon, G. (ed.) (1993). *Distributed cognitions: Psychological and educational considerations*. New York: Cambridge University Press.

Sfard, A. (2008). *Thinking and communicating: Human development, the growth of discourse, and mathematizing*. Cambridge, UK: Cambridge University Press.

Sfard, A. and Prusak, A. (2005). Telling identities: In search of an analytical tool for investigating learning as a cultural activity. *Educational Researcher*, 34(4), 14–22.

Siraj-Blatchford, I. (2010). A focus on pedagogy: Case studies of effective practice. In K. Sylva, E. Melhuish, P. Sammons, I. Siraj–Blatchford and B. Taggart (eds) *Early childhood matters: Evidence from the effective pre-school and primary education project*. London: Routledge, 149–65.

Smith, A.B. (2011). Relationships with people, places and things: Te Whāriki. In L. Miller and L. Pound (eds), *Theories and approaches to learning in the early years*. London: Sage, 149–62.

Soutar, B. with Te Whānau o Mana Tamariki (2010). Growing raukura. In A. Meade (ed.), *Dispersing waves: Innovation in early childhood education*. Wellington: NZCER Press, 35–40.

Star, S.L. and Griesemer, J.R. (1989). Institutional ecology, 'translations' and boundary objects: Amateurs and professionals in Berkeley's museum of vertebrate zoology, 1907–39. *Social Studies of Science*, 19(3), 387–420.

Sternberg, R.J., Reznitskaya, A. and Janvin, L. (2007). Teaching for wisdom: What matters is not just what students know, but how they use it. *London Review of Education*, 5(2) *July Special Issue on Wisdom*, 143–158.

Thomson, P. (2002). *Schooling the rustbelt kids: Making the difference in changing times*. Crows Nest: Allen & Unwin.

Thomson, P. and Hall, C. (2008). Opportunities missed and/or thwarted? 'Funds of knowledge' meet the English national curriculum. *The Curriculum Journal*, 19(2), 87–103.

Tizard, B. and Hughes, M. (1984). *Young children learning talking and thinking at home and at school*. London: Fontana.

Torrance, H. and Pryor, J. (1998). *Investigating formative assessment*. Buckingham: Open University Press.

Vandenbroeck, M. and Bouverne-De Bie, M. (2006). Children's agency and educational norms: A tensed negotiation. *Childhood*, 13(1), 127–143.

Vandenbroeck, M., Roets, G. and Snoeck, A. (2009). Immigrant mothers crossing borders: Nomadic identities and multiple belongings in early childhood education. *European Early Childhood Education Research Journal*, 17(2), 203–16.

Walker, D. and Nocon, H. (2007). Boundary-crossing competence: Theoretical considerations and educational design. *Mind, Culture, and Activity*, 14(3), 178–95.

Walsh, F. (1998). *Strengthening family resilience*. New York: The Guilford Press.

Wells, G. and Claxton, G. (2002). *Learning for life in the 21st century*. Oxford: Blackwell.

Wenger, E. (1998). *Communities of practice: Learning, meaning, and identity*. Cambridge: Cambridge University Press.

Wertsch, J.V. (1991). *Voices of the mind: A sociocultural approach to mediated action*. Cambridge, MA: Harvard University Press.

Wertsch, J.V. (1997). Narrative tools of history and identity. *Culture & Psychology*, 3(1), 5–20.

Wertsch, J.V. (1998). *Mind as action*. New York: Oxford University Press.

Whalley, M. (2001). *Involving parents in their child's learning*. London: Sage.

Wiliam, D., Lee, C., Harrison, C. and Black, P. (2004). Teachers developing assessment for learning: Impact on student achievement. *Assessment in Education: Principles, Policy & Practice*, 11(1), 49–65.

出 版 人　所广一
责任编辑　王春华
版式设计　郝晓红
责任校对　贾静芳
责任印制　叶小峰

图书在版编目（CIP）数据

学习故事与早期教育：建构学习者的形象/（新西兰）卡尔（Carr, M.），（新西兰）李（Lee, W.）著；周菁译.—北京：教育科学出版社，2015.5（2021.8重印）
（学习故事译丛）
书名原文：Learning Stories：Constructing Learner Identities in Early Education
ISBN 978-7-5041-9566-1

Ⅰ.①学…　Ⅱ.①卡…②李…③周…　Ⅲ.①学前教育—教学研究　Ⅳ.①G612

中国版本图书馆 CIP 数据核字（2015）第 103907 号
北京市版权局著作权合同登记　图字：01-2014-6692 号

学习故事译丛
学习故事与早期教育：建构学习者的形象
XUEXI GUSHI YU ZAOQI JIAOYU：JIANGOU XUEXIZHE DE XINGXIANG

出版发行	教育科学出版社		
社　址	北京·朝阳区安慧北里安园甲9号	市场部电话	010-64989572
邮　编	100101	编辑部电话	010-64989395
传　真	010-64989419	网　址	http://www.esph.com.cn
经　销	各地新华书店		
制　作	北京博祥图文设计中心		
印　刷	唐山玺诚印务有限公司		
开　本	720毫米×1020毫米　1/16	版　次	2015年5月第1版
印　张	12.5	印　次	2021年8月第10次印刷
字　数	192千	定　价	30.00元

如有印装质量问题，请到所购图书销售部门联系调换。

Original English Title:

Learning Stories: Constructing Learner Identities in Early Education

By Margaret Carr and Wendy Lee

English language edition published by SAGE Publications of London, Thousand Oaks, New Delhi and Singapore, © Margaret Carr, Wendy Lee, 2012.

This Chinese Simplified edition is translated and published by permission of Proprietor. Educational Science Publishing House shall take all necessary steps to secure copyright in the Translated Work in each country it is distributed.

All rights reserved

本书中文版由权利人授权教育科学出版社独家翻译出版。未经出版社书面许可，不得以任何方式复制或抄袭本书内容。

版权所有，侵权必究